EL DERECHO A NO SUFRIR

La eutanasia

EL DERECHO A NO SUFRIR

La eutanasia

Mariano González Ramírez

Copyright © EDIMAT LIBROS, S. A.
C/ Primavera, 35
Polígono Industrial El Malvar
28500 Arganda del Rey
MADRID-ESPAÑA

ISBN: 84-9764-336-4
Depósito legal: CO-00170-2003

Colección: Superación personal
Título: El derecho a no sufrir
Autor: Mariano González Ramírez
Diseño de cubierta: Visión Gráfica
Impreso en: Graficromo S. A.

IMPRESO EN ESPAÑA – *PRINTED IN SPAIN*

INTRODUCCIÓN

Un nuevo libro y una nueva responsabilidad que asumir para que no sea vano mi empeño de transmitir mis sentimientos más sinceros. Quiero encontrar una razón poderosa que me haga expresar desde el corazón y que justifique «la muerte digna» de todos aquellos seres humanos que sufren el infierno de la imposibilidad de vivir con normalidad una «vida digna». Estuve durante varios días en blanco sin encontrar ese tesoro emocional que lo mueve todo. Me parecía imposible enfocar un tema tan delicado como es la eutanasia. Mi cuerpo, gracias a Dios, a la naturaleza o a mi destino, hasta ahora es un modelo ejemplar de salud y bienestar. Pero ¿cómo podía encontrar un centro candente que me irradiara inquietud profunda? Yo no puedo escribir por escribir sin sentido y sin sentirlo, necesito el impresionante impulso y la fuerza de la realidad y de la emoción, para que mi mano escriba cada palabra, cada párrafo..., dictado por el misterio, porque mi inquietud de escribir es misteriosa, una forma de estar para decir cosas que siento y otras que aparecen, para sorpresa mía, sin saber de dónde provienen, con un sentido y una lucidez sorprendentes. Algo muy profundo coloca cada expresión, y cuando encuentro ese camino mis dedos con fuerza y rapidez golpean el teclado y surge la creatividad sincera.

El, día 23 de agosto de 1998, apareció entre la bruma de mi ignorancia el camino del sentimiento para empezar este libro. Avancé por los recuerdos más íntimos. Me vinieron a la mente imágenes de mi padre, bueno y generoso, que murió en noviembre de 1989 víctima del cáncer, después de un tiempo de estar en el infierno de un hospital: la antesala de la muerte. En ese momento de mi vida me di cuenta del profundo dolor que causa la enfermedad en quien la padece y en sus familiares más íntimos. Desde aquel momento mi personalidad empezó a cambiar, fue como tocar con mi mente el realismo dramático de algo que sabía que algún día tenía que ocurrir: la muerte de mi padre. El periodo de su enfermedad, que duró desde junio al 30 de noviembre de 1989, sufrí, pensé y sentí tantas cosas, que quiero reflejar en las páginas de este libro como una experiencia que me hizo reaccionar a favor de la muerte, cuando las circuntancias físicas y mentales se deterioran en extremo.

Un día, por casualidad, encontré un libro escrito desde el infierno, por un ser humano extraordinario, como fue Ramón Sampedro. (Treinta años tetrapléjico, que reinvindicó su derecho a una "muerte digna".) En enero de 1998, una mano amiga le ayudó a conseguir su libertad.

A medida que conocía a este hombre a través de sus expresiones escritas, poéticas e inconformistas, rebeldes, empecé a tomar conciencia de una realidad que pensaba distante, a años luz de entenderla. Mi sensibilidad no era suficiente para poder calar en el sufrimiento y la desesperación de quien quiere liberarse de su miserable existencia. Ponerse en el lugar del otro y ser el mismo es imposible, pero tenía que acercarme a él como un buen amigo que no quiere molestar. Podía entenderle desde mi propio sufrimiento y sabiendo del encadenado de causas que Ramón padecía a causa de su tretaplejía. No podía sentirlo desde la caridad ni desde la compasión, quería que mi alma se fundiera en aquel cuerpo inmóvil para sentir sus padecimientos y limitaciones. ¡Qué difícil! Pero no imposible cuando se trata de comprender la lucha y el sufrimiento de un ser humano que implora la muerte desde el infierno. Hay algo en los seres humanos que penetra en el sufrimiento ajeno para amar de verdad, con la conciencia limpia del SER que entiende y sabe dejarse llevar por la inteligencia de sus emociones nobles. Y en silencio, sin pensamientos, sin ningún prejuicio, quise empatizar, fundirme, sentir de cerca su sufrimiento. Leí detenidamente palabra tras palabra, párrafo a párrafo, todas las páginas de su libro *Cartas desde el infierno*. A medida que Ramón Sampedro desvelaba sus pensamientos y sentimientos, sentía el poder de sus razonamientos. Sus expresiones resonaban en mi interior con fuerza, porque eran desveladas desde el realismo aplastante del ser impedido. Su forma de concebir la existencia, su espíritu bueno, sus palabras sinceras y auténticas, su desgraciada vida de tetrapléjico, calaron en mi corazón. Su profundo convencimiento, lejos de todo interés mercantil, era de un valor humano incalculable en estos tiempos que se escribe pensando en el dinero y en los premios. Su necesidad de expresar su rebeldía le llevó a escribir con los dientes (¡qué impresionante!) para poder decir al mundo que tenía que cambiar su forma de actuar falsa e hipócrita. Sentí su necesidad de expresar en un grito de dolor y de impotencia toda su angustia y frustración por no poder vivirse entero en cuerpo y alma. ¿Qué había hecho él para merecerse una circunstancia tan terrible y una sociedad moralmente idiotizada desde hacía miles de años? Las castas, como llamaba él a todas las corporaciones elitistas y su terrible e interesada farsa, impedían su deseo más profundo: morir en paz. Él sólo quería morir dignamente, acabar definitivamente con la locura de vivir aquel infierno. Una cabeza viva en un cuerpo muerto era lo más terrible que a un ser humano podía ocurrirle. Se sentía «*como el espíritu parlante de un muerto*». Reclamaba humanidad para su situación y el amparo de la ley de una mano amiga que le salvara definitivamente de aquel dolor terrible y angustioso. Podía empatizar con su intención de cortar por lo sano. Quise entenderle desde su cuerpo muerto y desde su vida truncada por la fatalidad.

«Al principio, sólo piensas en liberarte. Para mí sólo había dos alternativas: convertirme en un ser absurdo, ser lo que no deseaba ser, un habitante del infierno, o ser coherente con la utopía de la vida. Liberarse del dolor, buscar el placer a través de la muerte.

Me decidí por la liberación, no como lo negativo sino como lo positivo: buscar algo mejor.

Lo primero que expresaron mis padres cuando les dije que deseaba la muerte fue que ellos me preferían así a perderme para siempre. No hay forma de escapar, la gente no quiere tocar el tema. La ley prohíbe. Y el "¡yo no soy capaz de prestarte la ayuda que me pides!" prevalece como la voluntad de una ley invisible sobre la personal.

Si hubiese sido un animal, habría recibido un trato acorde con los sentimientos humanos más nobles. Me habrían rematado porque les habría parecido inhumano dejarme en ese estado para el resto de la vida. ¡A veces es mala suerte ser un mono degenerado!»

(Ramón Sampedro)

¿Qué puedo esribir yo de este hombre sin caer en la vulgaridad? Mucho. Él es para mí motivo de reflexión, porque yo también soy un «ingenuo inconformista» que lucha por derribar la farsa social indignante que impera hoy día. Como Ramón, he deseado muchas veces liberarme de la angustia de vivir, porque, aunque tengo la gran suerte de estar físicamente sano, he sido también durante mucho tiempo un «tetrapléjico mental», vacío por culpa de mí mismo y de una educación que me lanzó al abismo de la incoherencia mental. Las ideologías me hicieron añicos mi espontáneo y original sentido de vivir en profundidad la vida diversa y sencilla. Los condicionamientos morales dañinos y opresores me marcaron para siempre y muchas veces quise morir, porque no entendía tantas contradicciones, tantos engaños y absurdos planteamientos. Mi infierno era mi propia mente plagada de fantasmas sin respuestas. Mi falta de amor. A pesar de tener la cabeza abarrotada de teoría sobre el amor, era incapaz de amar de verdad y eso suponía estar en el infierno. Tenía que encontrar la libertad y la alegría, a través de sentimientos nobles. Pero, ¿cómo? Aplicando la eutanasia a mi mente enferma. A pesar de mi ignorancia, llegué a comprender que se sale del "infierno mental" cuando somos capaces de orientar nuestro ser, toda nuestra potencialidad, a encontrar respuestas, lejos de la normalidad de los convencionalismos fanáticos y vulgares de los maestros moralistas que desde hace mucho tiempo pululan en estas sociedades establecidas en el engaño, producido sobre todo por el miedo: MIEDO A VIVIR, MIEDO A MORIR Y MIEDO A LA AUTORIDAD erigida desde siempre para acojonar en todos los ámbitos de la sociedad (la familia, los colegios. las empresas, la religión, el Estado...). Parece mentira, pero es verdad; siempre hemos estado acojonados por la prepotencia de los listos que impusieron desde siempre su arrogancia intelectual y se inventaron el principio de autoridad. El padre no era padre, era la máxima autoridad; el profesor, en vez de ser un individuo bueno y comprensivo, dispuesto a enseñar, se convertía muchas veces en verdugo; los militares crean su teatro arrogante de leyes y prepotencia para acojonar; los jueces, los podridos religiosos, los médicos, los corruptos políticos, los empresarios y demás calaña fueron de siempre los impulsores del acojonamiento de la inmensa mayoría del pueblo para dominarlos. ¿Quién se inventó el DON para diferenciar la importancia vanidosa del intelectual, el poderoso..., sobre aquellos que no habían podido desarrollar una profesión ni su personalidad, los más pobres y desgraciados del mundo? No cabe duda que entre esta gente nociva siempre hubo seres humanos defensores de la verdad y de los más necesitados, pero por desgracia muy pocos fueron capaces de resistirse al terrible azote de la sinrazón impuesta como norma. La gentuza, eso que llama castas Ramón Sampedro, fueron los *«enemigos naturales de la vida y son ellos, el Estado y la religión, los responsables de la destrucción del hombre como individuo».* Y añadiría a todo el conjunto de seres del mundo, fundamentalistas, mafias, insensibles, indiferentes, prepotentes, egoístas, inhumanos e incapaces de ver más allá de su angustiante, obsesiva, limitada y normal forma razonable de canalizar el sentido humano y sensible de la vida. Venimos al mundo involuntariamente y nos encontramos con que desde el principio somos atados y amordazados por el MIEDO: «miedo a las normas, a la ley y la terrible moral dañina» codificada en nuestros cerebros desde la infancia por los distintos maestros que sirven sólo a la letra escrita, siendo ellos a la vez esclavos de la maquinaria terrible que se ha inventado a lo largo de tantos siglos de ineptitud. Un hombre que quiere morir porque su vida es un infierno, se encuentra con el vacío legal y de sentimientos nobles y está supeditado al juicio moral de unos cerebros elitistas, incapaces de sentir el sufrimiento en las carnes ajenas por estar anestesiada su inteligencia, sus emociones nobles..., para comprender algo que no sean sus criterios aprendidos de memoria en sus profesiones de ganar dinero, que es para lo que están estas profesiones de elite. Esta panda de energúmenos ha creado un estereotipo de sociedad incapaz de evolucionar hacia la libertad responsable desde la conciencia noble de servir a la verdad y la objetividad. ¿Qué se puede esperar de los insensibles *homos economicus*? Nada, sólo un infame interés por el dinero. ¿A quién le importa que tú estés en el infierno y te quieras liberar de él? A ninguno de esos energúmenos. Si la respuesta es morir para encontrar la liberación, ¿por qué vivir más tiempo en el infierno? Y tomaste la iniciativa de tomar el cianuro de la muerte. ¡Que no se atrevan a meterse con la mano amiga que te ayudó a morir dulcemente! ¡Que no lo intenten!

«El autoengaño del ser humano ante la muerte lo ha llevado a tal sinrazón que la niega racionalmente. No se le enseña el sentido de la muerte. Y la estrategia dominante de los maestros se ha convertido en una forma de cultura parasitaria.

Está bien que alguien no quiera oír hablar de la muerte, pero hacer creer que la persona, o personas, que pide el derecho a decidir el final de sus vidas, lo que en realidad está pidiendo es que le demuestren cariño, sólo pone de manifiesto que son los maestros del engaño los que se están engañando a sí mismos. Lo que éticamente cabría hacer sería concederle a cada persona la libertad que reclama.»

(Ramón Sampedro)

Este libro va a servirme para recapacitar y percibir el sufrimiento profundo que brota del interior de los seres humanos y la angustia que les hace desear desaparecer para hallar la paz total y el reencuentro con su libertad perdida. ¿Por qué el ser humano quiere «que se pare el mundo para poder apearse de él»? ¿Qué dolor tan insoportable provoca la urgente necesidad de abandonar la existencia? Pueden existir infinidad de causas que nos impulsen a la muerte. Normalmente deseamos morir para encontrar el descanso a nuestro insoportable sufrimiento; ésa es la única explicación que existe, porque mientras la alegría inunda nuestra vida somos felices y en ese estado tenemos ansias de vivir con fuerzas. Pero cuando las circunstancias negativas nos invaden por razones poderosas, deseamos acabar cuanto antes con el infierno que nos quema el alma y buscamos la libertad sin importarnos qué nos espera al otro lado: la nada o el más allá, como alivio y desenlace definitivo. A lo largo de mi vida el suicidio de los demás me produjo desazón, y nunca podré olvidar, a los nueve años, aquel agricultor que se ahorcó con una soga en su casa. Qué desasosiego me invadía pensar en aquel cuerpo colgado. Y siempre la misma pregunta: ¿Por qué el ser humano quiere acabar con su vida? ¿Qué profunda aflicción le lleva a pensar cometer esa barbaridad? Con el tiempo lo entendí en mí mismo. Los motivos son muy diversos y el padecimiento siempre es la causa que provoca la ruptura. En este mundo nuestro se sufre mucho. El grito de dolor también es una constante diaria que se oye en aquellos que gozan de buena salud y de dinero, pero no han encontrado la orientación interior que les salve de padecer, del hastío, del aburrimiento..., de vivir su vida en el vacío. Sólo aquellos que han sabido conectar sus emociones nobles con la realidad, encuentran un caudal inagotable de alegría e ilusión para vivir la vida de un tirón, e incluso les sabe a poco, porque se les pasa rápidamente y no les da tiempo a concluir la obra emprendida. Es indudable que la vida les ha revestido de la fortaleza necesaria para ser emprendedores al comprender los motivos y las causas que les hacen vivir profundamente. No hay nada como sentir amor profundo por los demás, para que la alegría de vivir surja con fuerza y poder. Porque el amor, no me hartaré de repetirlo, es la fórmula ideal para llegar a viejos con fortaleza y deseando, si llegara el caso, vivir otra vida con todos los inconvenientes que pueda traer. Pero, ¿cómo se despierta el manantial de vida de esa emoción noble? ¿Cómo podemos romper definitivamente ese caparazón que nos está privando de vivir en el cielo de la vida para soportar todo el sufrimiento que ella encierra? Ramón Sampedro era un hombre de corazón y aguantó mucho tiempo. (Treinta años es mucho tiempo para un hombre totalmente impedido.) Él amaba y escribió hasta con los dientes para dejar constancia de sus profundos razonamientos desde el infierno de su situación de tetrapléjico. ¿Habéis probado a escribir así? Probarlo pensando que vuestro cuerpo está como muerto. Aun así nunca podréis entender el esfuerzo, el profundo amor, el convencimiento de este hombre por querer morir dignamente. Pero quizá podáis admirar un poco su voluntad de dejar las huellas de su paso por la vida, como un ser consciente de la necesidad del cambio que tienen que experimentar estas sociedades del malentendido bienestar, montadas en la farsa más espantosa de la autocomplacencia, del dinero y la falta de objetividad ante la muerte. Son miles de años de sueños de eternidad y muchos no se dan cuenta de que la vida es como un relámpago misterioso; después puede existir cualquier cosa inesperada o no existir nada, pero esa gente se empeña en moralizar desde su desesperación mortal, y crean razonamientos imaginarios desde la ignorancia irracional. Desde luego así es indudable que no podrán comprender la situación terrible y desesperada de aquellos que optan por dejar voluntariamente esta vida para su total liberación.

La nueva era se perfila a través de hombres valientes que dejan constancia de su rebeldía en contra del gran monstruo mental, que impera desde el irracional conformismo de ver la existencia desde una sola forma económica, rígida y categórica. Esos hombres pueden morir de forma natural o, como en el caso de Ramón Sampedro, apearse de este mundo escribiendo con los dientes sus más firmes convencimientos después de haber sondeado, con sus circunstancias personales, el abrumador y terrible montaje de los estratos sociales superiores desde donde se construye la pirámide social ridícula y espantosa de la sociedad del bienestar del hombre y la mujer montados en un tren en vía muerta.

Pero, ¿cómo es posible tanta ceguera? ¿Cómo son las cosas en realidad? En vida las ideas se pueden materializar, sufrir cambios, pero la muerte es así: natural, inmutable y necesaria. Suerte que existe y encierra el gran misterio de la vida. Bendita muerte porque sin ella la vida sería insoportable y no tendríamos oportunidad de liberarnos para siempre de nosotros mismos y de nuestro esperpento mental insoportable.

CAPÍTULO I

¿QUÉ ES LA MUERTE?

Y ENTONCES HABLÓ ALMITRA, DICIENDO:
Queremos preguntarte ahora sobre la muerte.
Y él respondió:
Queréis conocer el secreto de la muerte.
Pero, ¿cómo lo hallaréis si no lo buscáis en el corazón de la vida?
El búho, cuyos ojos atados a la noche son ciegos en el día, no puede descubrir el misterio de la luz.
Si en verdad queréis contemplar el espíritu de la muerte, abrid de par en par vuestro corazón en el cuerpo de la vida.
Porque la vida y la muerte son una, así como son uno el río y el mar.
En lo profundo de vuestras esperanzas y deseos descansa vuestro conocimiento del más allá.
Y como las semillas soñando bajo la nieve, así vuestro corazón sueña con la primavera.

Confiad en vuestros sueños, porque en ellos está escondido el camino de la eternidad.

Vuestro miedo a la muerte no es más que el temblor del pastor cuando está de pie ante el rey, cuya mano va a posarse sobre él, como un honor.

¿No está contento el pastor, bajo su miedo, de llevar la marca del rey?

¿No le hace eso, sin embargo, más consciente de su temblor?

(Khalil Gibran) *El Profeta.*

Sólo escuchar el sonido de la palabra MUERTE produce una amarga sensación en los que estamos vivos, alegres y despreocupadamente felices. Es como recordarnos algo que no deseamos escuchar nunca porque es terriblemente desagradable.

Mientras estamos en armonía con la vida, ilusionados, en estado positivo (como se repite sin cesar hoy día), centrados en la ilusión de vivir o distraídos por todos los inventos que nos ofrece este mundo, es siniestro hablar de la muerte. Y sin embargo la vida real, la televisión y el cine nos ofrecen el panorama tantas veces infame y aterrador de la guerra, los asesinatos, la tortura... Nos recuerdan día a día la muerte servida en multitud de facetas y circunstancias. La imagen siniestra de la maldad y la injusticia que hacen tanto daño cuando, sin quererlo, se siega la vida y se destruye la libertad. Pero la muerte es una dimensión que lo llena todo como la vida. La muerte vive con nosotros y dentro de nosotros porque desde que nacemos se pone en marcha la cuenta atrás del espacio del tiempo que nos toca vivir.

Quizá podamos pasarnos toda la vida ignorándola porque el morir, como los estados de conciencia, es invisible a la luz de la vida y sólo aquellos que meditan en ella y la ven con naturalidad se hacen conscientes de su existencia como algo necesario y útil para alcanzar aquello que todos los seres humanos anhelamos desde que nacemos: LA LIBERTAD TOTAL. ¡Qué frase! ¿Verdad?

La muerte nos conmueve e incluso nos puede hacer más sensibles y humanos, al contemplar la certeza del corto espacio de tiempo que vamos a vivir. Son estremecedoras las imágenes de los accidentes aéreos cuando inesperadamente un avión cae y se destruye íntegramente, muriendo todos los seres que viajaban con aparente seguridad. Después las escenas de dolor por la muerte inesperada y la tristeza profunda por haber perdido a seres íntimos y queridos. Nos conmovemos por dentro y cambiamos nuestra actitud ante la vida. Se nos abren los ojos para ver la realidad profunda de la existencia.

En los hospitales mueren nuestros seres queridos, jóvenes, adultos y viejos, y lloramos de dolor recordando con amor los días que pudimos besar el rostro de nuestros hijos, padres, abuelos, amigos íntimos... Recordándolos se nos abre la vía de la emoción más grande que el ser humano tiene en su interior: EL AMOR.

«Naturalmente, lo primero que los médicos me habían comunicado después del percance era que,

en caso de sobrevivir, sus funciones no volverían a ser las de antes, podía quedar paralizada o sólo parcialmente consciente. Y, ¿sabe una cosa? En mi egoísmo materno lo único que me preocupaba era que siguiese viviendo. De qué manera, no tenía la menor importancia. Es más: llevarla en coche, lavarla, meterle la comida en la boca, ocuparme de ella como única finalidad de mi vida, habría sido la mejor manera de expiar enteramente mi culpa. Si mi amor hubiera sido auténtico, si hubiera sido verdaderamente grande, habría rezado por su muerte. Pero por fin Alguien la amó más que yo: al caer la tarde del noveno día, de su rostro desapareció aquella hermosa sonrisa y murió. Me di cuenta en seguida, estaba allí junto a ella; sin embargo, no se lo dije a la enfermera de guardia porque quería quedarme un poco más con ella. Le acaricié el rostro, le estreché las manos entre las mías como cuando era niña, repitiéndole constantemente: "Tesoro, tesoro." Después, sin soltar su mano, me arrodillé junto a su cama y empecé a rezar. Rezando empecé a llorar.

Cuando la enfermera me tocó el hombro, todavía estaba llorando.

—Vamos, venga conmigo —me dijo —, le voy a dar un sedante.

No quise el sedante, no quise tomar nada que atenuase mi dolor. Allí me quedé hasta que se la llevaron a la cámara mortuoria...»

(Susanna Tamaro)

Muchos seres, conscientes del significado de la muerte, utilizan la vida para prepararse a morir, porque entienden que desde el nacimiento se camina hacia ese final y no es más que una oportunidad para cambiar y prepararnos con precisión y serenidad para la posibilidad que encierra el misterio del más allá.

Desde el punto de vista de las religiones, la vida y la muerte son un todo único, porque la muerte es el comienzo de otro capítulo de la vida. Es un espejo en el que se refleja todo el sentido de la vida.

Caminante, no hay camino,
se hace camino al andar,
al andar se hace camino
y al volver la vista
atrás se ve la senda
que nunca se ha de
volver a pisar; caminante
no hay camino
sino estelas en la mar.
(Antonio Machado)

Proceso de morir según las enseñanzas tibetanas

Toda nuestra existencia está determinada por los elementos: tierra, agua, fuego, aire y espacio. Por medio de ellos se forma y se sostiene nuestro cuerpo y cuando se disuelven morimos. Estamos familiarizados con los elementos externos, que condicionan nuestra manera de vivir, pero lo interesante es el modo en que estos elementos externos interaccionan con los elementos internos de nuestro cuerpo físico. Y el potencial y la cualidad de estos cinco elementos existen también en nuestra mente. La capacidad de la mente para servir de base o terreno para toda experiencia es la cualidad de la tierra: su continuidad y adaptación es el agua; su claridad y su capacidad de percibir son el fuego; su movimiento constante es el aire, y su vacuidad ilimitada es el espacio.

Con la muerte se disuelven los sentidos y los elementos (tierra, agua, fuego y aire).

Mi muerte

«Al borde de la muerte, noté que los sentidos dejaban de funcionar. No podía distinguir las palabras, sus voces eran sonidos ininteligibles. Mi conciencia auditiva cesaba su actividad. Miraba sus caras y sólo veía el contorno, pero no los detalles; mi conciencia visual se iba deteriorando. También por momentos, el olfato, el gusto y el tacto cesaban. Mi cuerpo perdía toda su fuerza. Me faltaban las energías. Sabía que no podía levantarme ni permanecer erguido. Mis manos no tenían fuerza para sujetar nada. Mi cabeza era imposible mantenerla erguida. Me sentía como aplastado por un enorme peso. Cualquier postura era pesada e incómoda. Mi tez estaba pálida y mis mejillas chupadas. Cada vez me costaba más trabajo abrir y cerrar los ojos. Me sentía débil y frágil. Mi mente agitada y delirante se hundía por momentos en el sueño. Un espejismo tembloroso aparecía en mi mente por momentos.

De la nariz, la boca y los ojos chorreaban líquidos. Mi lengua estaba inmóvil. Los ojos se me secaban en sus cuencas, los labios estaban debilitados, y la boca y la garganta, pegajosas y obstruidas. Las aletas de la nariz las sentía hundidas hacia dentro. Una sed terrible me invadía por momentos. Temblaba y me sacudía, y un olor a muerte impregnaba todo mi ser. Mi mente era una bruma total, frustrada, irritable y nerviosa. Me sentía ahogar en un océano.

La boca y la nariz las sentía totalmente secas. Los pies, las manos y el cuerpo, fríos. Me daba la sensación de que el calor se alejaba de mi cuerpo y se concentraba en la coronilla. El aire que pasaba por la boca y la nariz era muy frío. No podía comer ni digerir nada. Mi mente oscilaba entre la claridad y la confusión. Ya no podía recordar cómo se llamaba mi familia y ni siquiera los reconocía. No podía percibir nada del exterior porque todo en mí era confuso. Me sentía consumido por la llama de un rugiente incendio. Chispas rojas danzaban sobre una gran hoguera como luciérnagas.

Todos necesitamos amor, apoyo y atención. Apoyo emocional y práctico. La asistencia espiritual adquiere un significado especial y una gran ayuda para cualquier ser humano. A la hora de morir no importa la ideología, todos los seres humanos se entregan al misterio de la muerte: la incógnita más importante de la existencia.

Se me hacía cada vez más difícil respirar. Sentía la sensación de que se me escapaba el aire por la garganta y emitía sonidos estertóreos. Cada vez inhalaba con mucho trabajo el aire. Me sentía totalmente inmóvil. Todo mi cerebro lo sentía disuelto, no tenía conciencia del mundo exterior. Todo permanecía borroso y ya no sentía contacto con el mundo físico.

En aquel momento empecé a alucinar. Mi negativismo vivido durante toda mi vida se transformaba en formas aterradoras. Mis obsesiones se reproducían en algunos momentos con insistencia. Necesitaba gritar de miedo. Después me serené y experimenté visiones dichosas y celestiales, y me encontré con seres iluminados. Recorrí los momentos angustiosos para pasar a la paz.

Mis inhalaciones eran cada vez más superficiales. Y en un momento dejé de respirar. En la parte de mi corazón sentía un poco de calor. Todos los signos vitales iban desapareciendo. Pero mi proceso interno seguía su curso. Mi respiración externa había cesado, pero mi "respiración interna" la sentía todavía muy íntimamente en mí. Al cabo de media hora ya estaba muerto.»

Ésta podría ser mi muerte o la de cualquier ser humano según *El libro tibetano de la vida y de la muerte.*

¿Qué ocurre cuando morimos? Según los maestros, es como si retornásemos a nuestro estado original; mientras el cuerpo y la mente se deshilachan, la ira, el deseo y la ignorancia llegan a su fin, lo que quiere decir que todas las emociones negativas cesan y entonces se produce un hueco, que nos lleva a la base primordial de la naturaleza de la mente en toda su pureza y sencillez naturales. Todo lo que la oscurecía queda eliminado y se revela nuestra verdadera naturaleza. A medida que van muriendo la ira, el deseo y la ignorancia, nos volvemos más y más puros.

La muerte es como si te quedaras dormido. Si somos conscientes de la secuencia de estados de conciencia que se producen cuando nos quedamos dormidos, desde los más bastos a los más sutiles, iremos familiarizándonos con el proceso de morir. Los yoguis practican el proceso de morir y dominan este momento visualizando con precisión todo el proceso. Dirigiendo la atención a cualquier punto del cuerpo e imitando lo que ocurre en la muerte.

Morir es un proceso complejo e interdependiente, en el cual grupos de aspectos relacionados de nuestro cuerpo y nuestra mente se desintegran simultáneamente.»

(Sogyal Rimponché.)

Vida acabada

Durante siglos, los médicos diagnosticaban la muerte de una persona tomándole el pulso y colocándole un espejo frente a su boca. Si esta persona no daba señales de vida con el pulso y la respiración, se extendía el certificado de defunción. En las últimas décadas se requieren pruebas científicas para establecer el momento preciso en que la vida acaba.

La muerte sobreviene cuando hay un paro cardiorrespiratorio irreversible. Esta definición no se puede confundir con un estado de inconsciencia permanente. Existen casos de muerte cerebral que a muchos conduce a menudo a confusiones. Para algunos significa que la totalidad del cerebro ha muerto, mientras que para otros es sólo la muerte de una parte del cerebro. Existen muchos casos de personas que permanecen con vida durante diez años o más y, sin embargo, aunque se respire oxígeno de forma natural, es imposible comunicarse, pensar o sentir. Una persona con el córtex cerebral destrozado y el pendúculo cerebeloso funcionando, puede mantenerse con vida durante largo tiempo, gracias a las funciones cardiorrespiratorias.

> Ignoramos la muerte como la vida. Nacemos ciegos y morimos sin saber, incluso de nuestra propia ceguera. «Ojos que a la luz se abrieron un día, para después, ciegos, tornar a la tierra hartos de mirar sin ver.»
> A. Machado.

La persona que tiene la parte superior del cerebro destrozada, pero mantiene las funciones subcorticales, puede vivir en estado vegetativo permanentemente.

Vida truncada

Ramón Sampedro se fracturó el cuello al zambullirse en una playa y tocar con la cabeza en la arena del fondo. Desde ese día fue una cabeza viva en un cuerpo muerto que reinvindicó la eutanasia para todos los enfermos en proceso terminal y para todos aquellos que desde el profundo sufrimiento piden que terminen sus días para no ver cómo se consumen sufriendo en el infierno.

«Por ahora resulta imposible la prueba empírica que demuestre la trascendencia del ser consciente. Pero sólo aceptando la idea de un plano distinto de nuestra conciencia después de la muerte puede el individuo liberarse del esclavizante temor.

La muerte está para algo en el esquema de la vida. Puede considerarse que es siempre regeneración, un método infalible de corregir el error. No es buena ni mala. Desde un punto de vista ético, es positiva si es voluntaria y busca el equilibrio. Es una ley de la matemática universal...

Cuando el ser toma conciencia de que es mortal, su error no es que aspire a la inmortalidad, el error es que acepte el sufrimiento irracional y soporte cualquier circunstancia humillante si alguien le promete que con ello tiene la seguridad de conseguir esa inmortalidad. Ésa es la tragedia del ser humano: un temor exacerbado a la idea de morir, como un acontecimiento negativo, lo ha convertido en esclavo de sufrimientos y circunstancias dramáticas, que racionalmente no tienen sentido.»

CAPÍTULO II

CRITERIO DE LA EUTANASIA A TRAVÉS DE LA HISTORIA

En la antigüedad los griegos fueron los primeros en hacer un amplio debate sobre el suicidio y lo permitieron, pero bajo ciertas condiciones. Cuando el Estado aprobó el suicidio, no solamente se fomentaba sino que se respaldaba. En Atenas, Ceos y Marsella los magistrados disponían de veneno para aquellos que deseaban morir. Lo único que se necesitaba era un permiso especial. La persona que deseaba quitarse la vida debía exponer los motivos al Senado, éste los estudiaba y extendía dicho permiso.

> *«Si la existencia te resulta odiosa, muere; si el destino te es adverso, bebe cicuta. Si la pena te abruma, abandona la vida. Deja que el infeliz relate su desgracia, dejad que el magistrado le proporcione el remedio para que él mismo pueda ponerle fin.»*

Sócrates y Platón pensaban que las enfermedades incurables y dolorosas eran buenas razones para dejar de vivir.

Hipócrates describe al médico como un curandero al que se le exigía auyentar el sufrimiento de los enfermos, aliviar las dolencias de sus enfermedades y rechazar toda clase de tratamiento para aquellos que padecían enfermedades incurables cuando la medicina era impotente para curar la enfermedad.

Aristóteles en cambio pensaba que: *«la valentía no se demuestra matándose para escapar del amor, la pobreza y las angustias»*. Dijo que el suicidio era una ofensa contra el Estado. Sin embargo, estaba de acuerdo, como Platón, en el infanticidio con el fin de asegurar la disponibilidad de los mejores individuos para un mejor Estado.

Hubo un tiempo en el que se condenaba el suicidio, en la mayoría de los casos por lealtad al Estado o por el horror que causaba a los griegos matar a un semejante, y se defendía y veneraba el ideal de un perfecto equilibrio entre el bienestar físico y mental.

Los griegos aceptaron el concepto de *euthanasia*, que significa buena *(eu)* muerte *(thanatos)*, y la enfermedad se convirtió en una especie de maldición. Parece ser que existen pruebas de que en Ceos había una antigua costumbre que exigía a las personas que se suicidaran una vez cumplidos los sesenta años, para evitar la enfermad de la vejez.

Sócrates, antes de que se envenenara con cicuta, demostró que la muerte era noble y deseable.

Los estoicos también adoptaron el suicidio como una alternativa cuando la vida ya no era natural a causa del dolor de graves enfermedades o anormalidades físicas.

Zeno, el fundador del estoicismo, se ahorcó a la edad de noventa y ocho años tras haberse caído y fracturado un dedo. En realidad, no era el hecho en sí sino la disposición a morir.

Sócrates, Platón y los estoicos despojaron al suicidio de supersticiones y horrores y llegaron a considerarlo como una práctica digna, pues en circunstancias extremas era lo más razonable para liberarse del infierno del sufrimiento.

En Roma el enfermo terminal tenía razones suficientes para quitarse la vida, pero estaba castigado el suicidio sin motivos precisos. La idea de vivir noblemente significaba morir noblemente; por este motivo, durante el principado, a los aristócratas que se condenaba, se les permitía suicidarse.

En el preciso instante que el ser humano se deshumaniza, da un paso hacia la crueldad de sus acciones. Las mentes y los espíritus humanos que sienten sus nobles tendencias y las llevan a la acción, se demuestran a sí mismos y al mundo la posibilidad de un giro completo hacia la cordura y el equilibrio.

El cristianismo fue muy duro con aquellos que atentaban contra su vida. Ya en los siglos II y III el suicidio se condenaba confiscando las propiedades y los bienes de la víctima, se le negaba cristiana sepultura y se empalaba su cuerpo para abandonarlo después en la vía pública. ¡Qué horror! No se hacía ninguna excepción, todos eran tratados de igual forma, incluso aquellos que habían soportado largos y graves sufrimientos a causa de enfermedades incurables. Según ellos, el suicidio afectaba al alma negativamente después de la muerte y sólo la voluntad de Dios podía quitar la vida. Esta influencia acentuó las críticas contra el suicidio, que cada vez fueron más amenazadoras. Aunque el dolor fuera muy intenso, era impensable cualquier tipo de alivio compasivo: el hombre se lo debía todo a Dios y era Él el único que podía intervernir.

San Agustín describió el suicidio como: *detestable y abominable perversidad. Es contrario al quinto mandamiento, no matarás. El suicida usurpa las funciones de la Iglesia y del Estado, puesto que Dios otorga la vida y los sufrimientos que hay que soportar.*

En el Concilio de Orleáns del año 533 se acordó denegar la celebración de funerales a todos los suicidas sin excepción, por haber cometido un acto criminal.

En el año 693 el Concilio de Toledo anunció que cualquiera que intentara suicidarse sería excomulgado. Hasta 1824 no empezaron a reducirse los castigos, cuando el Parlamento inglés permitió que se enterrara al suicida en el patio de la iglesia, en un horario restringido entre las nueve y las doce de la noche.

De acuerdo con las directrices de la Iglesia y del Estado, atentar contra la propia vida bajo cualquier circunstancia estaba prohibido.

Santo Tomás de Aquino en su *Summa Theologica* dio a conocer al mundo una síntesis medieval sobre los argumentos filosóficos y teológicos contra el suicidio. Se había convertido en el pecado mortal por excelencia para los cristianos. Todo ser humano digno de ser cristiano debía acatar estas leyes, y sobre todo los médicos y curanderos.

En el siglo XIV de nuevo se empezó a despojar de los conceptos erróneos del suicidio. El mundo de nuevo empezaba a cambiar y se comenzaban a reafirmar los valores griegos y romanos. Tanto la Iglesia católica como la protestante continuaron condenando el suicidio, pero muchos ciudadanos cultos ya no lo veían como el signo de la condenación eterna.

Tomás Moro en 1516, en su obra *Utopía, dijo:*

«Si sacerdotes y oficiales del Gobierno visitan a enfermos incurables que padecen constantes y terribles dolores y les dicen...: Puesto que tu vida es miserable, ¿por qué dudas en morir? Eres prisionero de una cámara de tortura, ¿por qué no escapas a un mundo mejor?... Nosotros nos ocuparemos de tu liberación. Si el enfermo piensa que estos argumentos son convincentes, o ayuna hasta la muerte o bien se le administra un soporífero que le libere sin dolor de su mísera condición. Pero es estrictamente voluntario.»

Tomás Moro era católico e hizo un análisis desde la realidad objetiva, poniéndose en el lugar del enfermo y sus padecimientos, empatizando y comprendiendo las angustias del infierno de la enfermedad. Toda la ideología católica de censura no pudo convencer, a este hombre cuerdo, de la necesidad de dar fin a los terribles sufrimientos por un medio adecuado, como es la eutanasia.

El individualismo en el siglo XVI tomó un interés importante. El ser humano, y nada más que él, era dueño de su vida y de la posibilidad de despojarse de ella sin que la sociedad interviniese para impedirlo. Las decisiones morales ya no eran tan resistentes, ahora eran más discutibles.

Montaigne dijo *que la muerte era el paraíso más seguro, y con frecuencia ansiado, al que nunca se debe temer. Llega un momento en que el hombre debe poner fin a su vida o soportarla.*

Con el Renacimiento aumentó el nivel humanitario que el ser humano tenía de sí mismo y también el descubrimiento científico de nuevos métodos para el tratamiento de las enfermedades y prolongar la vida de los pacientes, amenazando así el bien de la vida. Se empezaron a vislumbrar los inconvenientes de alargar la vida por medio de la tecnología y se hizo hincapié en la importancia de morir de forma natural y humana para aquellos enfermos incurables.

El Renacimiento y la Reforma esclarecieron la cultura humanística. La medicina a estas alturas de la Historia estaba impulsada por un progreso continuo y empezaba a ser un arma de doble filo, cuya víctima era el paciente. Algunos médicos habían empezado a hablar de su responsabilidad desde el preciso instante de tener conciencia del problema y recomendaban una muerte fácil para los enfermos terminales.

En general la gente sabía que el suicidio ya no estaba tan perseguido y tanto la ley civil como la penal eran menos duras con la víctima. La opinión pública se oponía a cualquier tipo de castigo. Entre 1700 y 1789 en Francia sólo hubo dieciocho acciones judiciales contra los suicidas y en Ginebra se abolió oficialmente el ultraje de los cadáveres y la confiscación de los bienes del suicida.

El suicidio se convirtió en un acto sumamente privado y el pasado se vio como: «La absurda hoguera de nuestros antepasados» (Horace Walpole).

Rousseau consideró los sufrimientos prolongados de inutilidad: *Cuando los seres humanos se deshumanizan a causa del sufrimiento, cuando el alma ya no era alma, la muerte era de hecho una piadosa liberación y el suicidio un acto loable.*

En 1870, en Francia, gracias a las posturas liberales y democráticas, se prohibió la discriminación contra los suicidas, respetando su decisión y descargando de todo prejuicio contra ellos en los funerales religiosos y civiles.

En los siglos XIX y XX, filósofos, políticos y médicos opinaban así:

«No se espera de los médicos que dispongan de remedios contra la muerte, sino que tengan el saber necesario para aliviar los sufrimientos, y que sepan aplicarlo cuando ya no hay esperanza.»

(Marx.)

«El derecho irrebatible del hombre a disponer de su propia vida y persona... Cuando el terror de vivir es más espantoso que el de morir, es normal que el hombre ponga fin a su vida.»

(Schopenhauer.)

«¿No es cierto que si un médico decide acelerar la muerte, incluso a petición de un paciente moribundo, está cometiendo una acción que puede ser castigada severamente por la legislación actual, y por la que puede considerársele como un homicida o incluso como algo peor?»

(L. A. Tollemache abogaba en favor de la legalización de la eutanasia voluntaria).

«Se debería considerar el intento del médico que asiste humanitariamente al paciente tanto si éste sufre como si no, y poner al enfermo inmediatamente en estado inconsciente y prepararle para una muerte rápida y sin dolor.»

(Dr. Frank E. Hitchcock.)

«Todos aquellos que no posean voluntad e inteligencia propias, que sean una carga para sí mismos y en especial para sus amigos y para la sociedad (y) que desde luego sean absolutamente incapaces de mejorar.»

(El Dr. C. E. Goddard se pronunciaba a favor de la eutanasia como medio de evitar el sufrimiento de los enfermos terminales. También incluía a los retrasados profundos y monstruos irreversibles.)

Este tipo de comentarios produce gran preocupación. Me conmueve y preocupa que el ser humano tome la iniciativa de quitar del medio, insensiblemente, a todos los seres humanos que sufran alguna deficiencia. La eutanasia bien entendida tiene que estar dirigida a enfermos que voluntariamente quieran morir porque su vivir les sea insoportable. Es desde luego terrible volver a contemplar el horror insensible de los nazis. Por este motivo, un redactor del *Independent* (EE. UU.) escribió lo siguiente acerca del proyecto del doctor Goddard:

> «*Cuando una persona adulta en su sano juicio se encuentra gravemente lesionada y tan enferma que su recuperación es imposible, o está sufriendo dolores terribles sin esperanza de alivio, su médico, en caso de no pertenecer a la familia y no estar interesado en el estado del paciente por ningún concepto, puede preguntarle en presencia de tres testigos si está dispuesto a morir... Tres médicos más deben ser consultados.*»

En Inglaterra, en 1931, se quiso incorporar la eutanasia a la legislación. El doctor C. Killick Millad, jefe de Sanidad de la ciudad de Léicester, estaba de acuerdo con la utopía de Moro y comprendía la angustia que padecen las personas que mueren lentamente. En sus conferencias sorprendía a la audiencia mostrándose a favor de un proyecto que legalizara la eutanasia, incluyendo las siguientes disposiciones:

1. El moribundo puede presentar una solicitud para que se le conceda el permiso de eutanasia, siempre que indique que ha sido informado por dos médicos facultativos acerca de la enfermedad incurable y fatal que padece, y que su muerte se presenta prolongada y dolorosa.

2. La solicitud debe ser acreditada por un magistrado y debe ir acompañada por dos certificados médicos.

3. La solicitud y los certificados deben ser examinados por el paciente, y los familiares deben ser entrevistados por un árbitro de eutanasia.

4. Seguidamente, un tribunal revisará la petición, los certificados y el testimonio del árbitro, así como el de cualquier representante del paciente, y cursará la autorización para que el solicitante pueda recibir la eutanasia y para que el médico facultativo pueda practicarla.

5. El permiso será válido durante un tiempo limitado, dentro del cual el paciente podrá decidir si desea utilizarlo y en qué momento.

Eminentes personalidades, entre las que se contaban eclesiásticos, eruditos, escritores, aristócratas y médicos, apoyaron el proyecto. Pero desgraciadamente existían más adversarios que partidarios y en 1936 fue rechazado el proyecto en la Cámara de los Lores.

A pesar de todo, Millad insistía:

«Creo que, en ciertos casos, la sustitución de una muerte lenta y agonizante por una muerte

rápida y sin dolor sería considerada como una de las más grandes reformas de nuestra era.»

En 1938 se fundó la Asociación pro Eutanasia de Norteamérica, según el modelo británico. El reverendo Francis Potter pensaba que: *«Con las debidas garantías, la eutanasia debería legalizarse para que los enfermos incurables puedan elegir la muerte inmediata y así evitar la agonía.»*

El 26 de enero de 1939 el tesorero de la asociación, Charles Nixdorff, presentó un proyecto de ley para legalizar la eutanasia en Nueva York. Como era natural, contaba con muchos adversarios entre médicos, psicoanalistas y sacerdotes católicos. Uno de estos sacerdotes declaró a la Commonwealth *que todos los sufrimientos son la mejor fuente posible de heroísmo, purificación y redención.*

Para avivar la polémica en torno a la eutanasia se sacaron a la luz todos los casos relacionados con homicidios piadosos, suicidios asistidos y suicidios por enfermedades terminales que se habían llevado a los tribunales:

En 1920 Frank Roberts fue condenado a cadena perpetua por matar a su esposa, que padecía esclerosis múltiple y ya había intentado suicidarse.

En 1925, el doctor Harold Blazer, de Colorado, mató a su hija inválida incurable, a quien había asistido durante treinta años.

En 1933, el sobrino de Allie Stephens, que padecía cáncer, la golpeó violentamente, a petición de ella, causándole la muerte.

En 1934, en Inglaterra, May Brownhill, de sesenta y dos años de edad, mató a su hijo retrasado mental de treinta y un años.

Además de otros muchísimos casos, también se consideraron los enfermos incurables que se quitaron la vida. El más sobresaliente fue el de Charlotte Perkins Gilman, una de las primeras feministas. Cuando se suicidó en 1935, dejó una nota que decía: *«Se está acercando el momento en que nuestra civilización considerará detestable el permitir que un ser humano padezca una agonía prolongada, cuando en el caso de otras criaturas se acaba piadosamente con ellas... He preferido el cloroformo al cáncer.»*

En 1938, Harry C. Johnson asfixió a su esposa, que padecía cáncer desde hacía cuatro años. Supuestamente, había manifestado el deseo de morir.

En 1939, Louis Greenfield fue acusado de homicidio por matar a su hijo, retrasado incurable.
Greenfield decía:
«Sabía que lo que hacía era contrario a la ley de los hombres, pero no a la ley de Dios... La ley de Dios es más poderosa que la de los hombres.»

Fue exculpado por la justicia. Los psiquiatras de Nueva York le condenaron declarándole «*asesino que se había cansado de su hijo*». La Asociación pro Eutanasia salió al paso con un informe que decía:

> *En Estados Unidos hay un promedio actual de un homicidio piadoso por semana; los homicidios piadosos casi nunca son declarados culpables; la pena más severa impuesta en los últimos años fue de tres meses de cárcel. Si el jurado se niega a procesar a Louis Greenfield, sentará un nuevo precedente en la despenalización de los homicidios piadosos, al tiempo que reforzará los principios de los que defienden la eutanasia, dirigidos por el famoso neurólogo de Manhattan, Foster Kennedy. Los eutanasistas censuran los homicidios piadosos cometidos por familiares con los nervios destrozados, y se inclinan por una ley muy estricta, que establecerá comisiones médicas imparciales, cuyo objeto será examinar los casos de inválidos sin esperanza para aconsejar la provocación de la muerte por medios científicos.*

Diez meses más tarde, en 1939, Louis Repouille cloroformó a su hijo de trece años, considerado como otro retrasado incurable, deforme y mudo de nacimiento; permanecía postrado y a causa de un tumor cerebral se había quedado ciego. Repouille declaró:

> «*El caso Greenfield me llevó a pensar en hacer lo mismo con mi hijo. Creo que la acción del*

señor y la señora Greenfield estaba justificada y no le condenaron por ello. No obstante, yo no pido misericordia, y no me importa lo que me pueda suceder. Mi hijo está muerto y su sufrimiento ha terminado.»

Repouille fue acusado de homicidio y declarado culpable. El fiscal dijo:

«Los ciudadanos han llegado a asociar este tipo de homicidio con la idea de que, en ciertas ocasiones, es un acto piadoso. Nuestra ley no autoriza el homicidio piadoso. El hecho de que usted fuera el padre de un retrasado mental no le daba derecho a matarlo. Existe el grave peligro de que la clemencia de que usted ha sido objeto pueda incitar a otros a hacer lo que usted hizo.»

Tanto en Europa como en Estados Unidos, a principios del siglo XX surgió una gran inquietud en apoyo de la eutanasia y su legislación. La conciencia del sufrimiento había calado en gran cantidad de gente sensible, que no podía soportar el sufrimiento innecesario, pero todos los intentos fracasaron a excepción de en Alemania, donde en 1920 se hablaba insistentemente de *«la vida que no merece ser vivida»*. En los años 20 y 30 los razonamientos lógicos eran *terminar con las vidas deterioradas o inútiles*. El pensamiento era el mismo que el de los norteamericanos y británicos, pero en Alemania este concepto degeneró de una forma horrible cuando los nazis asesinaron de una forma atroz a cientos de alemanes que física y mentalmente eran disminuidos. Esta forma tan inhumana afectó para siempre el significado de «la buena muerte», que en la antigüedad había sido razonado desde la necesidad de evitar el sufrimiento innecesario de los enfermos incurables.

Parecía increíble que un pueblo tan culto y organizado como el alemán pudiese permitir tanta maldad y cometer crímenes tan horrendos. Uno de los más graves de este siglo bajo la tiranía nazi fue el Holocausto. Hitler y sus secuaces fueron cerebros enfermos que se colaron en la historia de la humanidad con la idea obsesiva del crimen por razones de pureza racial, para no perder más guerras y no padecer más humillaciones por las demás naciones. Su pensamiento inhumano, carente de empatía hacia los demás, cargado de la cruel bestia maldita, le cegaba para ver otro tipo de realidad más noble y constructiva. Su atención y sus emociones fueron atrapadas por el pensamiento de la realidad dañina, de la ambición histórica de los hombres. Hitler fue un fenómeno emocional, donde la ira, el egoísmo, la soberbia, el odio... se mezclaron con máxima intensidad en claros y terribles objetivos y en contra de los más débiles y necesitados. Él representó lo contrario del mensaje de Jesús, donde el amor nos salva de cometer actos tan salvajes.

Mensaje de liberación

En este momento considero hacer un pequeño análisis comparativo de la calidad de un pensamiento y otro, para darnos cuenta del valor inestimable que tiene todo cuanto rodea al misterioso maestro Jesús de Galilea y su mensaje de salvación y evolución para el mundo.

En cada libro que escribo, y aunque me salga del tema un poco, veo necesario hablar del mensaje de los grandes seres humanos que, conociendo la profunda naturaleza humana en su interior, nos orientaron hacia la evolución y el equilibrio. Y aunque fueron a lo largo de la historia masacrados por la maldad de los prejuicios, ellos perviven, luciendo como el sol a través del tiempo. La imaginación engañosa sólo creó nubes borrascosas que cubrieron el cielo limpio y despejado de la verdad, impidiendo hacer llegar sus rayos de inmensa bondad a las mentes de los seres humanos.

Ahora, en este presente que vivimos, donde las conciencias están más despiertas que nunca para analizar y comprender todo lo que sucede en el mundo, debemos valorar los pensamientos y sentimientos de altura, de amor y responsabilidad, que dan la oportunidad a los seres humanos para evolucionar como la naturaleza quiere, en paz y equilibrio.

La vida es muy frágil, aunque es también muy poderosa, y por este motivo tenemos que apreciar profundamente todo lo que la protege y hace evolucionar, y cuándo ella quiere trascenderse a sí misma. Por las circuntancias que estime, se transforma sin impedimentos siniestros, arropada por pensamientos y emociones nobles que son como el agua pura y cristalina de los manantiales del alma humana.

Está claro que los cerebros humanos se cargan de pensamientos incrustándose en sus células y actuando en función de sus tendencias. Por este motivo es tan necesario tener clara la incidencia que producen las distintas informaciones, y sobre todo saber cómo se mueven las emociones que nos llevan a la acción con sus diversos impulsos.

El mensaje de Jesús es misterioso y está lleno a rebosar de amor, liberación y evolución. De su boca salieron palabras poco comprensibles para la razón: Dios, el reino de los cielos, la salvación del ser humano y sobre todo la importancia suprema de la emoción humana: EL AMOR.

El ser humano todavía no ha podido descubrir el gran misterio de Jesús y su efectividad en el equilibrio y la armonía del mundo, porque las instituciones religiosas cubrieron su misión de intereses, soberbia y descalabros morales, inhumanos e irracionales. Montaron sus estructruras financieras como lo más importante y se llenaron de burocráticas tendencias que asfixiaron el mensaje esencial, relegándolo a un apartado poco importante dentro de toda la maquinaria del poder económico.

Ellos tienen que evolucionar hacia la pureza del mensaje, liberándose de todos los falsos caparazones que impiden la visión de la esencia de Jesús, la clave para conseguir la profunda "utopía de la liberación" a través de la sensibilidad y el amor. Si no, la maldad sembrará de confusión al género humano para padecer infiernos de locura, donde el lenguaje de las armas es el que impone el terror.

El extremo contrario de terrible inmadurez lógica para la evolución hacia la libertad son estas manifestaciones demenciales de un cerebro patológico.

«Si un hombre sano tratara de poner en pie a un grupo de lisiados, y consumiera sus energías en sustentarles, él acabaría lisiado también.»

«Todos los que en este mundo no son de buena raza, no valen nada. Y todos los acontecimientos históricos mundiales no son más que la expresión del instinto de conservación de las razas, en el buen o mal sentido.»

(Hitler: *Mein Kampf.*)

Estas manifestaciones son las de un cerebro empapado de pensamientos y emociones bajas, integradas en todas las células de su cuerpo con clara tendencia destructiva para el ser humano y toda la naturaleza. El egoísmo, la soberbia, el odio, la mentira, la intolerancia... son cargas con las que funcionan estos cerebros de la destrucción irracional. Sin embargo, una mente impregnada de Jesús manifiesta confianza y libertad:

«Los enfermos incurables no necesitan compasión o condescendencia, sino amor y ayuda.

Debemos ser conscientes de que los enfermos son dignos de amor auténtico, porque son grandes: esto nos llevará a amarlos y servirlos incluso en una muerte digna y voluntaria cuando el sufrimiento sea insoportable.»

La humanidad, y sobre todo aquellos que nos gobiernan, tienen que poseer en sus cerebros información benigna y el conocimiento humano necesario para poner en acción el poder de la verdad en un mundo que se puede construir desde la disciplina del equilibrio bondadoso. Si no, las consecuencias serán terribles y ya las estamos viendo día a día en los gobiernos decadentes e interesados, que sólo llevan a los pueblos al horror de la guerra.

La maldad de Hitler vive hoy día también en millones de seres, y muchos poderosos la llevan incrustada en sus malditos cerebros. Por este motivo el mundo enferma irremediablemente. El dolor es terrible en millones de seres que mueren de enfermedad, hambre y soledad. Si nuestro planeta Tierra se convirtiera en un enfermo incurable quemado por el infierno del dolor, quizá desde fuera alguien le practicaría la eutanasia para su liberación. Así que tengamos cuidado, por lo de dentro y lo de fuera, y seamos buenos para conseguir la alegría y la nobleza humana, por lo que pueda pasar, porque el alma de los seres humanos es el alma del mundo y, si ellos se corrompen y destruyen los principios de la evolución y el equilibrio, algo o alguien puede hacer desaparecer de un plumazo este mundo luminoso y amable en multitud de aspectos.

CAPÍTULO III

BRUTAL INTOLERANCIA

Va a hacer siete meses que te fuiste Ramón. En enero de este año 1998 conseguiste tu propósito de ser libre para siempre. Yo no te conocía en profundidad. Aquel día, cuando vi las imágenes de tu eutanasia en televisión, reivindicando el derecho a una muerte digna, me estremecí por dentro. Te vi como un valiente que se atrevía a desafiar a la sociedad entera y a todos aquellos que sueñan en vivir eternamente, mentalizados de que somos superiores y distintos a los demás seres vivos, porque supuestamente tenemos un alma inmortal que nos hace distintos a los demás animales. ¿Será verdad? Desde luego nos creemos diferentes y superiores desde que fuimos conscientes de poder dominar el medio. El sentido de la importancia y la vanidad global está muy desarrollado en los seres humanos y somos víctimas del excesivo valor que nos damos. Nosotros pensamos que tenemos alma y los demás seres vivos no tienen nada, son seres irracionales. Todos los animales están vacíos por dentro y, por estas características, son inferiores y se les puede matar y consumir. Ellos están condicionados para vivir pero no para morir. Ninguna moral les protege. Son libres. En cualquier momento se les puede sacrificar y no tienen prohibido, si lo deciden en algún momento, matarse por cualquier circunstancia instintiva o de otra índole misteriosa. También ellos parece ser que, irremediablemente, están sometidos al poder del hombre. El ser humano es el emperador de la creación normalizada y desde su punto de vista, no hay duda, somos los dueños absolutos de este planeta, pero atrapados por una maraña mental aparentemente normal que nos estrangula. Los mismos seres humanos que por cualquier circunstancia padecen algún tipo de enfermedad, diversidad (distinción de raza o color) o vejez, son excluidos del sistema normal y se les etiqueta como seres

Jesús es emoción inteligente y misteriosa. Cuando creemos en él se oxigena nuestro interior para hacer el bien. Nuestra mente está a salvo de tendencias y maldades dañinas.

diferentes del tipo estándar. Parece que, aunque cueste reconocerlo, la influencia maligna nos impregna de insolidaridad en los dos extremos: para dar muerte ilícitamente o alargar la vida injustamente. En cualquiera de los casos siempre la víctima es un ser sentenciado por las bajas emociones y los prejuicios.

Tú, Ramón, para esta sociedad del engaño y la farsa, eras un ser inferior como los demás seres vivos, indigno de ser considerado normal en toda la extensión de la palabra, por el hecho de ser minusválido. Vosotros sois ciudadanos de una categoría inferior con una importancia relativa para todos aquellos prepotentes e ignorantes que no piensan que ellos también pueden ser atropellados por la vida e incluso se olvidan de que sus cuerpos envejecen con el tiempo. Hay desde luego un tipo de mentalidad en la sociedad capitalista y del bienestar que ignora, es inhumana, perversa y no tiene ni pizca de sensibilidad para comprender, desde los sentimientos, las distintas circunstancia naturales o accidentales que de hecho existen en todo lo que nos rodea.

La estupidez, la sinrazón y la falta de humanidad se ceban e incluso nos condenan por la edad: con cuarenta y tantos años ya eres un viejo para las empresas y eso quiere decir que, si te quedas sin trabajo, te va a costar Dios y ayuda encontrar otro puesto. Yo, con cuarenta y seis años, prácticamente soy un viejo para esos mamarrachos. Yo no sé qué corriente terriblemente insensible inunda casi todos los sectores para empaparse de algo tan estúpido e indigno. A veces siento que el hedor inhumano nazi afecta a gran parte de la sociedad. Yo siempre lo canalizo en un exceso de egoísmo interesado y fanático que circula siempre por los mismos canales. Son profundas y estáticas avenidas mentales por donde deambula siempre un mismo pensamiento obsesivo e inalterable, y todos nos sentimos atraídos y nos sometemos sin remedio a esa corriente maligna sin pensar en más. Después cuando nos damos cuenta nos conformamos diciendo: «Las cosas son así y nadie las va a cambiar.»

Tan difícil como es trasladar el río Ebro de un lugar a otro, así es de imposible someter la mentalidad adulta, inhumana e insolidaria que nos corroe a todos, y esto es muy peligroso.

¿Sabes lo que creo siempre, Ramón? Que la evolución mental del ser humano ha sido manipulada por la ineptitud y la maldad desde tiempo inmemorial por aquellos que intelectualmente se sintieron capaces de alterar la naturaleza ingenua y sana del ser humano. Los listillos, en su mayoría sádicos, se aprovecharon de su ventaja evolutiva para sembrar de mala sombra nuestra sangre. La evolución mental en un momento dado partió del engaño y todos nos hemos acostumbrado a esas malas artes: al tejemaneje de la farsa y la intolerancia. La superioridad, sin actos reflexivos ni valores humanos, se empleó siempre con violencia y vejación. La debilidad no es práctica y eficaz para levantar la torre de Babel del vano progreso humano. No tiene sentido ni lugar en las sociedades que marchan a un ritmo trepidante arrollando todo lo que no es importante para conseguir sus objetivos de poder. No hay tiempo para tener consideraciones con los rezagados cuando todo el pensamiento es ganar, ganar y ganar, tener, tener y tener, y en la lucha fratricida competir incluso con la creación intentando llevar a cabo engendros genéticos, robots, bombas..., que son un peligro más que un adelanto. De ahí, creo yo, surgió este tipo de individuo normal e intolerante carente de sensibilidad para percibir algo distinto a su aberrante normalidad. Pero lo más terrible es que la sociedad está llena de contradicciones. Por una parte unos van a un ritmo material terrible y enloquecido y, por otro lado, los que se consideran espirituales y humanamente buenos y solidarios, privan de una forma fanática de libertad de pensamiento a millones de seres y se hacen dueños y defensores de la vida universal con teorías, normas, leyes, moral..., ceguera, sin capacidad alguna para comprender el sufrimiento ajeno. ¿Qué está pasando en Irán, Irak, Argel y en tantísimos países más? Todos éstos están siendo sometidos por las ideologías fundamentalistas que someten a las mujeres, a los niños, y a todo un pueblo indefenso, al temor de sus malditas normas religiosas. ¿Cómo es posible que aquellos que siguen supuestos caminos de santidad no sean capaces de sentir el dolor en su prójimo y les nieguen categóricamente su libertad y su importancia personal y humana?

> Ramón Sampedro fue un ser humano consciente de la necesidad de vivir dignamente y de morir cuando las circunstancias impiden la alegría y la libertad.

En Occidente la moral católica siempre fue un muro infranqueable lleno de contradicciones para admitir circunstancias adversas. Ellos también fueron terribles fundamentalistas con un pasado de sombras siniestras que les cuesta erradicar definitivamente de su sistema de vida, y aunque parece que en los últimos tiempos se quieren abrir a la razón, en muchos aspectos se cierran en banda y no admiten un diálogo abierto ni un análisis profundo de las diferentes situaciones terribles que se presentan en la vida de los seres humanos. No puede entrar en sus duras cabezas ideológicas otra idea aparte de la muerte que no sea natural o accidental. Si tú, Ramón, por circunstancias, vivías en el infierno, ahí tenías que quedarte hasta que llegase el final de tus días. ¡Sabe Dios cuándo! Fue una desgracia pero, como dicen las autoridades religiosas: te podías morir de inanición sin comprometer a nadie, dejar que una gripe te matase o una infección cualquiera, a la que premeditadamente no se le suministrara tratamiento. Tenías muchas formas de morir pero «no por la eutanasia», no por una ley digna y segura y una mano amiga que facilitase el cianuro o desconectase la máquina que mantiene la vida artificialmente. ¿Por qué los seres humanos de estas sociedades hemos tenido que aguantar a tantos necios? Está claro que a lo largo de la Historia se hicieron con el poder y sembraron en nuestra mente desde la infancia el disparate. En nuestros genes está incrustado el temor y un respeto a la autoridad del que difícilmente nos podemos liberar si no es por un sistema de análisis racional total, e incluso así sufriríamos las secuelas de la barbarie moral de esos descabellados tiranos de la mente.

> El espíritu de verdad y la razón son lo más esencial del ser humano y el motor que mueve su universo mental para crear una voluntad digna y fiel al principio de equlibrio y armonía.

La voz de la moral

«Cualquier legislación que trate de justificar o despenalizar la eutanasia sería contraria al deber primordial de todo Estado de Derecho, que es el de

la protección oficial del derecho a la vida, ya sea en su etapa germinal o final. La eutanasia es una forma de homicidio, da lo mismo que se cometa con unos u otros procedimientos. La eutanasia es un crimen incluso si se consigue una legislación que la autorice.»

Ésta es la voz de la prepotencia moral dogmática, atrevida y autoritaria, desde hace miles de años. Su seguridad es inequívoca y aplastante sin miramientos para las desgracias ajenas. Esta voz terrible para tantos millones de enfermos terminales, resuena en su inmobilismo moral arcaico a dureza y cerrazón. No admite dudas ni análisis porque es la voluntad del imaginado Dios único y verdadero. Para los moralizadores fundamentalistas religiosos, parece que todo el mundo es suyo y a todos los seres humanos pueden aplicar su rigidez mental. Así fue durante muchos siglos, ¡y cuántas aberraciones cometieron! Y siguen sin ser conscientes de que el AMOR es la base de su religión. ¡Lo más importante para comprenderlo todo!

* * *

Pero ellos te quisieron, Ramón. Pensemos bien. Ellos piensan que el sufrimiento purifica el alma para la salvación eterna. Dios te dio el cuerpo, Dios te lo quitó. ¡Bendito sea Dios! Te tuviste que conformar con la pérdida de toda tu libertad como el santo Job. Ya lo dice la Biblia. Tus angustias y tu libertad como persona no importaban porque por encima de todo está la voluntad (aunque sea horrible la existencia) del Padre celestial. Él te mandó este castigo por algo, «hijo mío». Todo tiene sentido en la vida y tus circunstancias, también para la salvación de tu alma.

Esta forma de pensar forma parte de la ideología judeo-cristiana, que dejó en nuestras vidas una profunda huella de estructuras rígidas que no permiten razonar cada circunstancia en particular.

Ayudar a morir a una persona es la prueba más dura por la que tiene que pasar la conciencia individual del ser humano. A una inmensa mayoría el asesinato, el suicidio o el genocidio nos escandalizan y nos sublevan. Así tiene que ser, porque de lo contrario seríamos monstruos inhumanos. Pero, cuando alguien como tú, Ramón, suplica desesperadamente y justamente que le ayuden a morir porque es insoportable la vida en esas condiciones, ¿quién puede negarse a prestar ayuda a la desesperación o, como mínimo, empezar a pensar en ser humanamente consciente? ¿Quién puede atribuir, en esos casos extremos, que el sufrimiento dignifique a la persona? Yo creo que el sufrimiento nos hace pensar y transforma nuestra personalidad para ser mejores seres humanos, pero todo en la vida tiende al equilibrio y, si ese sufrimiento es enloquecedor, es mejor que desaparezca poniendo los medios que sean necesarios en cada caso. La sociedad no puede estar sometida a rígidas estructuras fundamentalistas. La razón y la sensibilidad humana son capacidades necesarias para analizar y llegar a entender que es necesario considerar que el bien y la libertad que la persona implora le sean concedidas.

Sin embargo, la postura de las autoridades es inflexible. Pensándolo bien, quizá ellos tengan miedo por todo lo que pasó en la Alemania nazi. *«Los nazis empezaron con la esterilización obligatoria, luego pasaron a la eutanasia y de allí al exterminio masivo de judíos.»* Pero en nuestra realidad humana hoy día existe la esterilización o planificación familiar en Occidente, India, China, sin que haya degenerado en el exterminio, como hicieron los nazis. Las instituciones religiosas y gobiernos tienen que establecer garantías necesarias contra los abusos. Creo que hay un sentido común que nos hace libres a todos para llegar a soluciones benignas de las que los enfermos terminales y casos extremos, como el tuyo, Ramón, se pueden beneficiar.

Parece mentira que, en momentos tan cruciales como los que estamos viviendo hoy día en todo el mundo, se esté perdiendo el tiempo en memeces y no seamos capaces de acometer todos unidos, y en la solidaridad del amor, el grave problema inhumano y de violencia que se cierne sobre el mundo.

Crítica necesaria

Yo no soy quién para criticar, ¡pero es que si no lo hago me llevan los demonios!

Qué pensarás ahora, Ramón, de todo esto. Si es que puedes pensar ahí donde estés. Si es que existe algún rastro de tu persona en algún sitio. ¿Mereció la pena sufrir tanto? ¿Has alcanzado la gloria por tu enorme sacrificio de estar treinta años inmovilizado en aquella cama para siempre? Pero, como no tuviste paciencia y te quitaste la vida, según ellos, estarás sufriendo el castigo de otro infierno. Abrasándote por no haber obedecido la ley de su Dios. De otra manera, si hubieras tenido paciencia, hijo mío, ahora estarías gozando del cielo y la eternidad. ¡Qué maldita incongruencia! Soy un hombre que cree en el misterio de la vida y del más allá, pero esto sobrepasa el peso de la irracionalidad más acentuada. El cielo, el infierno, el limbo de los justos... ¡Qué tipo de alucinación padecería el que se inventó tantas falacias! ¡Qué desgraciada cultura nos impusieron a lo largo de los siglos los señores filósofos de la ignorancia, falsos seguidores del buen Jesús! ¿Qué monstruosidad mental montaron que dejaron en la sangre de las generaciones el miedo y la corrupción más espantosa? Y todavía siguen dando la matraca con su horrible esperpento. (Respeto a todos los verdaderos seguidores de Jesús que saben distinguir entre lo falso y lo verdadero.)

Sin duda, todo lo que sucede en el mundo y a los seres vivos tiene sentido, pasa por algo, es un encadenamiento de causas y efectos que no sabemos por qué suceden. Desde luego, lo menos creíble es que sea por voluntad de un Dios padre que parece que nos protege y ama como a las aves del cielo y después nos entierra con terremotos o con la cúpula del templo donde estamos adorándole; nos mata de hambre o nos destroza el cuerpo volviéndonos tetrapléjicos. Son muchas las contradicciones que lleva consigo ese Dios bueno y justo. ¿Cómo puede ser tan terrible ese Dios en el que creen millones de personas y se dice de Él que es nuestro padre bueno, que nos protege y que está en los cielos? ¿No estaréis equivocados, queridos religiosos? ¿Habéis cogido el buen camino o fantaseáis por miedo a la realidad de la nada u otro tipo de verdad o intereses que no tienen que ver nada con todo lo que moralizan vuestros dogmas? ¿No será vuestro exceso de autoridad e importancia lo que os ha enloquecido para decir tantas tonterías? ¿Y quién os da el poder? Todos los millones de ingenuos que os siguen; sin ellos se vendría abajo el increíble montaje . Estáis demasiado entretenidos mirando las musarañas, diciendo tonterías, y olvidáis la esencia de la libertad, el tesoro más grande que existe en el ser humano: EL AMOR. Si os siguen tantos seres humanos es porque ellos necesitan canalizar sus emociones, crecer por dentro, y no os dais cuenta de que vuestras iglesias son el refugio de los más desesperados, que buscan con ansia encontrar un poco de afecto y comprensión, incluso pidiéndoos que les quitéis la vida porque es imposible vivirla en el infierno del sufrimiento. ¿Por qué no amáis como Teresa de Calcuta y os entregáis a la acción y a entrenar vuestra conciencia para percibir mejor y os olvidáis de dar la matraca llenando de obscenidades morales las mentes de los niños y los adultos? Porque tanto sentimiento de culpa es una obscenidad fatigosa e insoportable. Yo pecador... Yo pecador... Yo pecador... Yo leches... ¡joder! Vuestra fantasía negativa ataca la autoestima desde los cimientos. ¿No os dais cuenta que estáis dando vueltas y vueltas mareando y enfermando la perdiz?

No me gusta criticar, preferiría no haber escrito nada de lo anterior, pero hace tan sólo una semana fui a misa y no podía soportar escuchar el mismo soniquete de siempre: el pecado, nuestras culpas, la condenación, la salvación eterna... Teorías y más teorías que no sirven para nada en este infierno de mundo que hemos creado los seres humanos. Ya sabemos que el pecado existe en el mundo, ¿pero no sería mejor disipar la obsesiva manía de la culpa para enseñarnos cómo liberarnos de nosotros mismos? Así podríamos empezar a sumar pequeñas liberaciones para la salvación

> El nivel del pensamiento y las conductas humanas está estrechamente ligado en las acciones diarias. Todo impulso del interior tiene su repercusión en el vivir diario. Transforma, inquieta y sugestiona a todos los seres con entendimiento.

de nuestro mundo, que, si nadie lo remedia, va a morir en manos de la insensatez. ¿Por qué se pierde el tiempo de esta manera? ¡Basta ya del insoportable soniquete de la eternidad y de las malditas reglas de la jerarquía! ¿No es mejor cultivar lo que tenemos cerca, que es nuestra vida; nuestras emociones nobles, el AMOR..., para construir un mundo mejor, que no ideas que se escapan a nuestra comprensión?

Nuestro mundo necesita hombres y mujeres con capacidad para percibir las necesidades del equilibrio universal y la evolución desde la inteligencia emocional profunda. Es necesario que la educación nos enseñe a descubrir lo que es nuestro interior y sepamos conducirnos desde la altitud comprensiva y amorosa, como Jesús fue consciente, desde el fuego emocional de su corazón honrado.

En aquella misa hice oídos sordos y quise percibir la intensidad emocional que allí había. En mi pecho empezó a despertarse poco a poco una emoción sincera que fue ampliándose hasta hacerme llorar. Comprendí que el ser humano es emocionalmente espiritual y que Jesús nos hablaba desde las emociones para enteder su significado profundo. Que no podemos llegar a lo hondo y ser auténticos si no sabemos comprender en profundidad su mensaje humilde de amor. Que el pensamiento y la imaginación son características mentales de las que nos servimos para poder discernir y ayudar a los sentimientos nobles a conectarse con el origen emocional de la vida.

Cuando Jesús se estremece por todos los desheredados de la Tierra, no lo hace desde la razón analítica ni desde las normas. SIENTE AMOR QUE SALVA DE LA RUINA SALVAJE DE LA RAZÓN EGOÍSTA E INTERESADA.

Elogios a Ramón Sampedro y simples razonamientos

Ramón, perdona por haberme apartado del diálogo que quiero mantener contigo. No soy quién para recriminar a nadie, pero la tozudez me indigna. En mi cabeza no puede entrar ya tanta irracionalidad teórica. Jesús contigo habría sido como esos familiares que te cuidaban día a día con tanto cariño. Él, desde luego, habría sido el primero en darte la libertad de morir o el movimiento, porque él era el primero que no podía ver sufrimiento ajeno y curaba a los ciegos y a los paralíticos. El profundo afecto no conoce los prejuicios de la imaginación, que en sí misma no conoce el amor.

Tu vida fue un milagro. Veinticinco años de vida normal y treinta años de padecimientos que aguantaste analizando la vida y la muerte. ¿Sirvieron para algo? Desde luego que sí, no cabe duda que fuiste un revulsivo para las conciencias estáticas y una piedra angular necesaria para enterrar tantos desatinos y convencer a los seres humanos de que el futuro se escribe también desde una cama y con los dientes. Tú provocaste un milagro y una explosión, hiciste una revolución de dignidad humana y confirmaste la degeneración de los mal llamados triunfadores que lo entienden todo desde su maldita farsa razonable.

Cuando le escribes a Martha, tus razonamientos son certeros y objetivos. No quieres con ello decir que es la verdad absoluta, pero te acercas a la objetividad. Un ser solidario que ama no puede permitir que la vida de su prójimo sea un padecimiento total. Si nacemos es para poder disfrutar de la vida en libertad. ¿Cómo es posible que Él, un Creador tan bueno, pueda ser un nazi con sus criaturas, sometiéndolas a todo tipo de torturas? Un Padre celestial bueno libera a sus hijos del sufrimiento. Pero, como he dicho antes, creo que estos conceptos humanos no tienen fundamentos y se alejan de la realidad. Ese padre bueno puede ser energía emocional pura e inteligente y, como el agua de la vida, está en todas partes, siendo inmensa energía indiferente al dolor humano y de cualquier ser viviente. No es ni mi padre ni mi madre, es pura energía de la que todos los seres humanos y todos los animales estamos constituidos. Está fuera de todo concepto humano y orden moral inventado por el hombre para dominar, o evitar el desequilibrio violento y destructivo de las emociones desatadas. En esto último tiene sentido la moral, pero no para someter al ser humano a unas reglas basadas en el miedo. Si esto es así, el Dios Padre es sólo un cuento que impregna a los seres humanos creyentes durante toda la vida.

Tengo que aclarar que mis pensamientos no son dogmas de fe, sólo es mi forma de pensar en algo más convincente y real, porque no puedo vivir en la superficialidad, necesito creer en algo que intuyo que existe. Quiero convencerme de que, más allá de la imaginación humana, existe un profundo misterio indescifrable. Ya sé que no voy a adelantar nada porque entiendo muy poco, pero el análisis y la apertura son necesarios para comprender, de una forma más racional, la inmensidad de una posible realidad inalcanzable para la mente humana de estos tiempos. Jesús y todos los sabios tuvieron que hablar en parábolas, para que pudiésemos entender. La figura del padre fue la más acertada y la más íntima y comprensible, pero eso no quiere decir que Dios sea padre, madre o abuelo... Es lo que ES y no lo sabemos, como todo lo que existe y permanece en el misterio; todo lo demás fueron inventos de la imaginación humana, sádica en muchísimos aspectos, por el terrible sentido de poder dominante de una clase de seres monstruosos que se apartaron del mensaje humilde y benefactor del buen Jesús e hicieron de él un macabro y tortuoso fanatismo que ha llegado incluso a nuestro días.

Se crearon la baja moral del miedo y también las contradicciones. El ser humano, astuto, desalmado y opresor, arropado en un Dios padre que castiga, tenía en sus manos el poder para dominar a los más débiles e incautos. De esta forma se creaba el principio de autoridad y el dogma de fe. Los que creían en Dios tenían que obedecer irremediablemente a todos aquellos que le servían más de cerca. Aquellos que supuestamente estaban más cerca de Dios ("la jerarquía") eran los únicos inspirados para crear todo tipo de ocurrencias aberrantes. Ese complejo de superioridad y soberbia todavía existe en las cabezas de las autoridades eclesiásticas, creyendo en la verdad más absoluta de sus dogmas de fe, que sólo son simples pensamientos humanos, enrevesados, para dar importancia al sistema incongruente que sustentan.

Tú, Ramón, bien pensabas cuando decías que:

«Jesús no vino a liberar al mundo del sufrimiento sino a decirles a los predicadores que liberen al mundo del sufrimiento que causan... Jesús es un

idealista, pacifista y noble, pero la historia la cuentan los pícaros como a ellos les interesa. Jesús defiende la dignidad y la libertad del ser humano, pero su idealismo fue utilizado por quienes se aprovechan de toda idea, de todo conocimiento que pueda servirles para dominar. De la noble idea de Jesús, inventaron los pícaros una secta distinta, una religión más, un poder totalitario y dominador más. Jesús enseñó muchas cosas, entre ellas a superar el terror a la muerte y al dolor, a no dejarse dominar por las amenazas del poderoso. Esos dos temores, no racionalizados ni superados culturalmente, son el arma más eficaz que poseen los tiranos de todo tipo para esclavizar al ser humano con la amenaza de la tortura o la muerte si no se somete a su autoridad.

El mal que los cristianos ven en la eutanasia es, si no falso, erróneo, pues el mal no está en el acto en sí, sino en la intención. Los mismos cristianos esperan que venga el libertador a exterminar el mal de la faz de la tierra, cuando debería entenderse que es un deber moral de los hombres hacerlo.»

Yo encuentro en la religión algo muy necesario, que es la espiritualidad como una energía que nos hace más humanos y nos pone en contacto con el misterio del posible más allá. Creo en el misterio y en el ser humano profundo y transparente que sabe trabajar y crece en las emociones nobles para el equilibrio y la evolución. Pero no soporto a los espantajos parlanchines, majaderos, llenos a rebosar de ideas que incluso ellos no entienden. (Respeto a todos los seres humanos buenos que saben de la equivocación de «la jerarquía», y siguen el camino de la sensibilidad y los sentimientos nobles como una forma de evolución, porque ya no tienen fuerzas para dar marcha atrás.) Si una moral la crean este tipo de seres, ¿qué se puede esperar de ellos? Y dicen que son la sal de la tierra. Ellos no. La esencia es el amor. Y si carecen de este noble sentimiento, ellos también son desiertos.

Dicen que les faltan vocaciones, ¿pero cómo van a convencer a los más jóvenes para vivir de forma tan patética la existencia? Lo bueno sería que se quedaran totalmente sin vocaciones para empezar a reflexionar sobre el porqué de la crisis vocacional y germinara de una vez por todas, desde la esencia, el mensaje de Jesús, destruyendo así la empresa mercantil que han montado bajo las mismas siglas del capitalismo feroz.

¿Cómo son posibles tantas contradicciones? Ellos me dirán que quién soy yo y qué autoridad tengo para criticar. Ninguna, pero es que ellos tampoco tienen autoridad para decir lo que dicen. Es importante observar un poco para darse cuenta de la realidad. Yo soy un don nadie y no soy digno de criticar a nadie, pero es que me sale de dentro un resquemor por tanto barullo mental como metieron en mi cabeza. ¡Tanta confusión! Durante toda mi vida estuve enajenado, por culpa de una doctrina llena a rebosar de prejuicios, falsedades y contradicciones. Mi lavado cerebral dura todavía, y sigo en busca del equilibrio perdido. ¿Pero qué necesidad tuve de que me enredaran de esa forma para luego caer en crisis existenciales absurdas? Yo y millones de seres hemos optado por el análisis de la realidad para cambiar, pero ellos no cambian sus dogmas y su música celestial engañosa porque no les interesa. ¡Viven muy bien! Y seguirán infectando de ideas imposibles a los pobres ingenuos que se acerquen suplicando ayuda y una paz necesaria que desde luego no puede conseguirse de esa forma. Tendrían que evolucionar hacia un sistema más objetivo, de entendimiento de las verdades más cercanas, trabajando el interior del ser humano, enseñándole a encontrar su propia vida interior y sus propios recursos internos. Que supieran que aprendiendo a vivir se puede encontrar al Dios verdadero. Pero es indignante la soberbia y la superioridad que muestran con su ideología. Nadie es quien para enseñarles nada que no sea lo tradicional. Su ideología es única y verdadera. ¡Qué indignantes! Entonces, ¿el budismo, el hinduismo y todas las demás religiones milenarias qué son para ellos, con la indudable fuerza y poder experimental que tienen? Este tipo de robot humano está en el poder eclesial y hasta que no se rompan esas estructuras seguirán creando la duda y el rechazo y, no solamente eso, seguirán generando resentimientos en mucha gente por todo aquello que representan, porque ellos dicen ser los guardianes de la moral y esta moral está llena de valores necesarios para vivir. Y por su culpa hay millones de personas que rechazan caminos de pensamientos y sentimientos que indiscutiblemente crean armonía y felicidad en todos los ámbitos de la vida. *Parece menti-*

ra que, en momentos tan cruciales como los que esta-
mos viviendo hoy día en todo el mundo, se esté per-
diendo el tiempo en memeces y no seamos capaces de
acometer, todos unidos y en la solidaridad del amor, el
grave problema inhumano y de violencia que se cierne
sobre el mundo. ¿Cómo es posible que el amor del buen
Jesús se pueda mezclar con la bárbara mentalidad capitalista que esclaviza y saquea a los países más pobres
del mundo? ¿En qué cabeza cabe que el reino de las
emociones nobles (el reino de Dios) se inspire en la
intolerancia y la farsa?

Medicina y salud

Ramón, a pesar de todo quiero seguir pensando bien.
Ellos lo que quieren es evitar que se cometan delitos por
parte de los médicos y las enfermeras. Los profesionales
de la medicina, éstos, cuando les interesa, pueden prolongar la vida todo el tiempo que haga falta, pero si un
día se les cruzan las ideas pueden cometer todo tipo de
desmanes. Lo normal es el mal gusto de eternizar la agonía si es preciso. ¿Y a cuántos sanos se quitan de en
medio con su carencia de humanidad? Eso no importa, lo
importante es tener un espíritu contradictorio: a los
sanos los matamos y a los enfermos terminales, que
sufren y piden a gritos la muerte, les obligamos a vivir.
¿Pero qué clase de locura es ésta? Los médicos son tan
peligrosos o más que los fanáticos religiosos, pues ellos,
la mayoría, también están muertos por dentro. Deshumanizados. Secos de afectos.

«El colectivo médico se desmarca de la eutanasia e insiste en evitar aquellos actos médicos sin valor real para los enfermos desahuciados, así como en la necesidad de que todos los facultativos pongan todos los medios a su alcance para lograr una mayor "calidad de muerte".

Con esta declaración, los médicos pretenden zanjar el tema de la eutanasia, al tiempo que invitan a potenciar la formación en cuidados paliativos. Los doctores hacen un llamamiento a la población para que confíe en los médicos que asisten en la muerte, ya que los cuidados paliativos se centran en aliviar los síntomas que producen sufrimiento, desde los físicos hasta los psicológicos y morales.»

¿Qué te parece, Ramón? Ellos pueden calmar los sufrimientos físicos, psíquicos y morales. ¿Te salvaron a ti de todos estos males? ¿No te parece que también ellos mienten y creen sus propias teorías?

Es normal que los médicos intenten por todos los medios evitar que la gente muera. La lucha contra la muerte es un impulso muy importante para salvar la vida. A nadie en condiciones normales le gustaría morir y si se presenta una enfermedad la tendencia del cuerpo es luchar con todos sus medios disponibles para salvarlo de la enfermedad y la muerte.

En estos tiempos se han inventado multitud de medicamentos y aparatos para curar las enfermedades y salvar la vida, pero lo que más preocupa es prolongar ésta, manteniéndola como sea y sin tener en cuenta las condiciones en las que esté el enfermo. Debe ser terrible para el ser humano sentir que llega su muerte y te impiden morir, cuando es lo más normal y natural del mundo. Y lo más deseable en condiciones extremas parecidas a las tuyas, Ramón. Cuando irremediablemente, por circunstancias o por propia voluntad, todo llega a su fin, es un derecho el que tiene el enfermo a dejar de vivir.

Esa obsesión por mantener la vida a toda costa, sin tener en cuenta al ser humano que quiere morir, me parece horripilante. Esa conducta es la ley rígida y amoral de multitud de médicos que se ciegan ante la evidencia natural de la liberación del sufrimiento, y no sólo eso: cuando una persona decide abandonar la vida, porque no le gusta, repito, tiene todo el derecho a morir, pero los médicos le condenan a vivir indefinidamente.

Cuando el sufrimiento es terrible, provocado por las distintas circunstancias en que se presenta, morir es el único medio para escapar, pero los médicos insisten en una tarea vana de ir contra la muerte a toda costa.

La vida humana necesita ser comprendida desde el interior profundo de la persona que sufre y no desde el pensamiento razonable de la moral, o de otras formas de pensamiento que sólo entorpecen la comprensión de la propia vida.

«La vida ha evolucionado corrigiendo sistemáticamente el error. Si el derecho del individuo a renunciar al dolor irracional fuese un error contra la vida, la razón hallaría el medio de corregir el desequilibrio. Hoy, el desequilibrio universal lo está provo-

cando el fundamentalismo, tanto religioso como político-jurídico, médico..., que propugna la obligación moral de sufrir. ¡Lo que el sentido común rechaza, que es lo mismo que decir la justicia y la razón!

Todo sufrimiento provoca una especie de salto psicológico hacia delante... ¡No quiero el dolor! Pero hay sufrimientos lógicos y hay sufrimientos absurdos. Sólo en lo irremediable el salto es verdad, el deseo es verdadero. No es error.

Volviendo a la lógica ley de los grandes equilibrios, si la Tierra o un planeta cualquiera se sale de su órbita, no se perderá ni se destruirá, perderá su forma pero encontrará otra forma de equilibrio. El planeta se dejará llevar por la ley del universo. Chocará con algún otro cuerpo que lo absorberá o se desintegrará, pero se entregará sin temor al juego de la vida. No se resiste a la ley. ¡A la lógica!

¿Por qué la razón sí?

Por un interesado y erróneo cultivo del temor.

Cuando el ser humano pierde el equilibrio, rompiéndose el cuello por ejemplo, lo primero que desea es recuperarlo. Lo mismo sucede con cualquier enfermedad en su proceso irreversible hacia la desintegración material del cuerpo, la muerte.»

(Ramón Sampedro.)

Es verdad que la maldad vive en todas partes, pero ¿qué mayor maldad que la de una enfermedad incurable? Si el enfermo quiere morir, ¿por qué no crear una ley que garantice una muerte digna para quien la pide?

CAPÍTULO IV

COMPASIÓN Y EMPATÍA PARA CONECTAR CON EL DOLOR

Ramón, hace tiempo que llegué a una conclusión muy importante y es que cada ser humano es un cerebro encerrado en su volumen óseo y conectado al mundo exterior por el límite de sus sentidos. Todos los seres vivos vivimos así, desconectados de las otras realidades, y lo más grave es que el ser humano atrofia sus sentidos. A muchos sólo les quedan pensamientos y criterios con los que manejan las circunstancias de los demás. Incapaces de conectar con la realidad objetiva, calculan y se crean juicios que sólo son deducciones de un cerebro biológico robotizado e incapacitado para percibir más allá de sus condicionamientos.

Se puede ser un genio en leyes, medicina, religión, filosofía, ingeniería, ser presidente, rey, obispo, papa... y permanecer en la más absoluta de las cegueras. Si los cerebros se ajustan sólo a un tipo de pensamiento menospreciando toda la información diversa y fecunda, se genera un ser individual y subjetivo crónico. En muchos casos la mente se oculta tras un negro velo que dificulta más su conexión con la realidad exterior. Así son los terribles fundamentalismos que creen a ciegas en lo que piensan como si fuera la verdad total y absoluta.

El cerebro se nutre de datos y emociones para llegar a conocer qué es lo que sienten los demás y con frecuencia esta sintonía no tiene lugar porque la atención se distrae en la complejidad mental aséptica de sentimientos.

Para saber y sentir un poco de tu sufrimiento, Ramón, tendrían que haber renunciado un poco a sí mismos, para dar vía libre a una atención concentrada en un estado emocional de afecto comprensivo, o, lo que es lo mismo, hacer nacer de forma natural un fondo compasivo que les llevara a la acción. A menudo la compasión se entiende mal, pero el ser humano que se estremece por dentro y siente necesidad de ayudar sabe empatizar y sintonizar con las necesidades y el sufrimiento de los demás. ¿En qué estado de conciencia se encuentra el ser humano que siente compasión? ¿Es la compasión un sentimiento esencialmente humano y no fundamentalmente ideológico?

«El sentido de responsabilidad universal se basa en que todas las personas son seres humanos que desean la felicidad. Si reconocemos que todos los demás también tienen ese mismo anhelo por la felicidad y que desean evitar el sufrimiento, podremos desarrollar una mayor tolerancia y aceptación hacia ellos. La cooperación humana es esencial. Sea cual

fuere el rol de una persona —sea un político, un científico, un industrial, un trabajador...—, lo más importante es contemplar la interdependencia de estas funciones y responsabilidades y la necesidad de una cooperación mutua.

La compasión es un sentimiento intrínseco en la naturaleza humana, es evidente en los cuidados y atención entre padres e hijos, en un desconocido que se detiene en la carretera para ayudar a otro, en la amistosa charla entre vecinos, en una tienda... La compasión creo yo que es el estado natural de la vida humana sin farsa y considerando la religión como un asunto privado.»

(Dalai Lama.)

«Amar al projimo como a uno mismo» no se puede cuando el ser humano desconoce el amor y la compasión por sí mismo. «Sentir el dolor del prójimo como el de uno mismo» también es imposible cuando el ser humano no padece ese mismo dolor. Pero, ¿se podrá comprender el dolor desde el fondo de la emoción noble? Es imposible conectar con el dolor profundo si no se ha vivido ese dolor o si se carece de sentimientos. Yo, al decidirme a escribir este libro, hice el esfuerzo de conectar con tu dolor por el dolor que he sentido por mi padre cuando enfermó de cáncer o por mi propio sufrimiento en algunos aspectos de mi personalidad. Hago verdaderos esfuerzos para conectar con tu infierno cuando leo tu libro, pero es imposible llegar a sentir tu mismo dolor y desesperación de tetrapléjico. Entiendo que debe ser terrible, pero después se me olvida. De nuevo pienso en ti y en lo que dices para volver a entender tus ansias de muerte y libertad, entrando así en un ciclo de recuerdos y olvidos, para olvidar este tema definitivamente cuando termine este libro. Me quedará una huella pero no será la misma que si te hubiera conocido personalmente, la viveza de tu emoción y tus sugestiones directas habrían sembrado mi cerebro de lazos emocionales: de esta forma habrías llegado al fondo de mi ser entendiéndote mejor. No cabe duda que la huella que has dejado en mi vida es importante para tomar conciencia de tu desgraciado estado físico y el dolor infernal que sentías. Sobre todo, ahora puedo comprender un poco más a todos los enfermos que, como tú, todavía están en el infierno esperando su curación o la liberación total de todos sus males. No hay duda de que mi esfuerzo por comprenderte me humaniza y me hace estar más cerca del sufrimiento. La memoria emocional es muy importante para conectar, pero, sin embargo, si mi experiencia fuera real (sufriera un accidente) esas circunstancias me llevarían directamente al infierno del sufrimiento; entonces entendería de verdad el dolor y quizá me movilizaría como tú, Ramón, para luchar por salir de la trampa mortal y ayudar a salir a todos los que como yo se vieran en las mismas circunstancias. Ocurre esto en todas los aspectos de la vida. No entendemos profundamente el dolor de los demás hasta que no lo pasamos. La muerte no se siente de igual forma en la casa ajena que en nuestra propia casa. La depresión produce un dolor profundo, pero hasta que no se está enfermo de depresión no se conoce el dolor y los padecimientos del enfermo. No quiere esto decir que para comprender a los demás tengamos que caer en las mismas circunstancias. Este análisis lo hago para entender lo difícil que es que los jueces, las autoridades religiosas y políticas puedan tomar conciencia de las desgracias ajenas, y más cuando ellos mismos anulan sus sentimientos para evitar el sufrimiento que produce comprender una situación como la tuya, Ramón. Estos seres burocratizados hacen una limpieza radical de todas las emociones nobles y se centran insensibles en su trabajo rutinario sin ninguna atención humana.

> El desarrollo de las capacidades humanas es sorprendente. Un ser humano es capaz de hacer evolucionar todo un mundo de realidades interiores si en él se crea el pensamiento y la emoción necesarios para creer que lo que piensa y siente tiene una conexión y una respuesta en los demás seres.

La capacidad de sufrimiento por los demás hoy día está muy restringida y sólo el sentimiento de dolor se circunscribe a la familia y a algunos amigos íntimos, y en muchos casos el ser humano se aísla para no saber nada del sufrimiento de nadie, porque es incómodo empatizar y ayudar a los demás en sus desgracias. ¡Es terrible este asunto y verdadero! La desidia, la pereza, la falta de sensibilidad... corroen el alma de las sociedades de este estilo y tú bien lo sabes, porque has sufrido la intolerancia y te han tomado por un pobre necio, ofendiendo lo más íntimo de tu ser: tu propio y profundo sufrimiento. Cuando se cae al infierno muy pocos saben bajar a él con valentía y auténtica cordura emocional, sin ningún tipo de falsa moral. El ser humano de hoy, y me imagino que el de siempre, quiere vivir bien, feliz y contento, pero la vida irremediablemente trae muchos sinsabores, a los que tenemos que hacer frente con mucho amor y madurez. ¿Qué les deparará la vida a tanto insensible y a tanto muerto viviente que deambula sin sentido por la vida? ¿Qué será de la humanidad si el ser humano entra en una fase de atontamiento feliz y de pereza, despreocupándose de todo por miedo a sufrir por los demás? Si los seres humanos caminan hacia la ceguera total de su interior por el disfrute egoísta, en verdad encontrarán que todas las cualidades que la naturaleza les ha dado se atrofian sin remedio. Si no se ejercitan los valores humanos, nos oxidamos y dejamos de ser seres capaces de sentir el sufrimiento ajeno para ser auténticamente solidarios. ¡Pobres de aquellos que nacieron ya vacíos! ¡Pobres de aquellos que, teniendo la oportunidad de llenarse de humanidad, la rechazaron por miedo a sufrir! ¡Pobres de aquellos que, estando llenos, se vaciaron al ser acribillados por la deshumanización y la falta de convencimientos! ¡Pobres de aquellos que tienen que soportar a los energúmenos insensibles y vanidosos! ¡Pobre de mí!

Hoy, Ramón, como muchas veces hago, he cogido un libro de Leonardo de Vinci, lo he abierto y me salió la fábula de "La navaja de afeitar". Una vez que terminé de leer, lo cerré de nuevo dejándolo en su sitio. Pero fíjate por dónde, mientras estaba escribiendo estas páginas, me vino a la cabeza Leonardo de Vinci de nuevo. Cogí otro libro distinto, donde vienen solamente sus fábulas, y, mira tú por dónde, abriéndolo espontáneamente de nuevo, apareció la fábula de «La navaja de afeitar». Comprendí que debía incluirla como una lección que tenemos que aprender los seres humanos de este tiempo, perezosos e incapaces de mostrar espontánea gratitud y entrega por los demás, sin darnos cuenta que la vida se pasa y que es mejor utilizar todas nuestra cualidades para el bien de los demás, que no encerrarnos en nosotros mismos conformes con nuestro proceder absurdo, vano y cruel. Lo peor de todo es que no somos conscientes de ello y ése es el peor de los defectos: la falta de conciencia.

«La navaja de afeitar»

Había una vez, en una barbería, una bella navaja de afeitar. Un día en que la barbería estaba desierta, la navaja pensó:

—¿Y si echase una miradita por los alrededores?

Y sin más, sacó la hoja del mango en que reposaba como en una vaina y empezó a disfrutar del hermoso día de primavera.

Al ver al sol reflejarse en su cuerpo, la navaja quedó sorprendida y maravillada: la hoja de acero lanzaba tales resplandores que de pronto, en un rapto de orgullo, se dijo:

—¿Y he de volver yo a aquella barbería de la que acabo de salir? ¡Ah, no! ¡De ninguna manera! Los

dioses no quieren que una belleza como la mía se envilezca de ese modo. Sería una locura permanecer allí afeitando la barba enjabonada de tantos rústicos villanos, repitiendo hasta el infinito la misma mecánica operación. ¿Mi hermoso cuerpo está acaso conforme con semejante ejercicio? ¡No, por cierto! Así, pués, correré a esconderme en algún lugar secreto, para gozar tranquila el resto de mis días.

Y así diciendo, la navaja buscó un escondite y se ocultó.

Pasaron los meses. Un día experimentó el deseo de tomar el aire y abandonó su refugio. Tras salir cautelosamente de su vaina, se miró con detenimiento.

—¡Ay de mí! ¿Qué me ha sucedido?

La hoja se había oxidado y ya no reflejaba los fulgores del sol.

La navaja, amargada y arrepentida, se lamentó diciendo:

—¡Oh, cuánto mejor era emplear mi bella hoja afilada afeitando las barbas enjabonadas! Mi superficie hubiera permanecido resplandeciente y mi filo cortante y sutil. Por el contrario, ¡ahora estoy corroída y picada por la más fea herrumbre! ¡Mi mal no tiene remedio!

Los hombres que como la navaja
prefieren entregarse al ocio
en lugar de ejercitar sus cualidades,
pronto se encuentran corroídos
por el moho de la ignorancia.

Dolor depresivo

Wina Sturgeon es uno de esos casos ejemplares de autosuperación personal y comprensión profunda del dolor ajeno, porque experimentó en su vida el sufrimiento. Ella a los veinticinco años cayó en una profunda depresión endógena y, después de recibir tratamiento e investigar profundamente en sí misma, se liberó definitivamente de aquella enfermedad. Ella estuvo en el infierno depresivo durante mucho tiempo, conoció el dolor, y de este conocimiento pudo comprender profundamente el dolor de los demás depresivos. Durante el resto de sus días se dedicó a intentar ayudar a salir del infierno a todos los que padecían esa enfermedad. De esta forma su cerebro pudo salir de su encierro óseo y conectar con esas mismas realidades humanas.

> La valentía viene del interior y es sano no despreciar a aquel que nos corrige. Al soberbio sigue la humillación y al humilde de corazón la verdadera gloria. El hombre prudente sabe reconocer al sabio y su sabiduría es su camino. Nunca retrocede aunque la resistencia de su interior se lo impida.

«Lo que descubrí sobre la depresión lo hice por el camino difícil: aprendiendo en el proceso de intentar superarla. Pero tuve suerte. El médico que me trató estaba especializado en depresiones clínicas. Identificó el trastorno y me ayudó a curarme. El médico puede mantener tu salud, puede aliviarte los

peores síntomas, pero sólo el paciente puede curarse a sí mismo.

El descubrir que mi estado tenía un nombre fue lo que más me ayudó. Llevaba soportando aquello casi toda mi vida, sin entender qué pasaba. Mi coeficiente intelectual era de 147, pero, sin embargo, a veces no podía utilizar la cabeza ni para las cosas más simples. Mi comportamiento era muy cambiante, como si no pudiese controlarlo. Me sentía terriblemente sola; no podía hacer amistades ni conservarlas... A nivel consciente estaba bastante de acuerdo con la opinión que creía que el mundo tenía de mí. Yo era anormal, "diferente", inferior, culpable de todos los pecados, y estaba condenada al fracaso.

En 1966, cuando tenía veinticinco años, la tensión era excesiva. Al día siguiente de recibir el telegrama, estaba desquiciada y no podía concentrarme. Me daba miedo volver del trabajo a casa en coche y tuve que hacer un gran esfuerzo de voluntad para ponerme tras el volante y arrancar. Había mucho tráfico. Avanzaba unos metros y paraba. Tenía la constante sensación de amenaza cada vez que el coche de delante encendía las luces al frenar. Encendí un cigarrillo. Entonces me di cuenta de que el humo tenía dedos que querían estrangularme. El coche empezó a empequeñecerse, el techo y los lados se achicaban, y me di cuenta de que iba a morir aplastada.

He de precisar que aún tenía un débil vínculo con la realidad. Me daba cuenta de que, de hecho, nada de esto estaba ocurriendo, y por ello, al mismo tiempo, pensaba que estaba volviéndome loca. Y esta idea acrecentaba más mi terror.

Metí el coche en la acera y busqué una cabina telefónica. Los deseos de gritar eran casi incontenibles. Encontré una cabina y hablé con la telefonista, le grité que necesitaba ayuda. No recuerdo gran cosa de lo que pasó luego, pero posteriormente me diagnosticaron mi estado como un grave ataque de angustia, síntoma de una drepresión endógena muy grave. Me hospitalizaron y me recetaron tranquilizantes muy fuertes. Los seis meses siguientes se convirtieron en una lucha constante por el control de mi mente, una mente que había padecido un desequilibrio químico durante casi toda su existencia. El médico me ayudó a aclarar lo que necesitaba aclarar. Dediqué muchas horas a cosas que nunca había sido capaz de ver hasta entonces... y el aturdimiento empezó a desaparecer. No sólo había sido capaz de comprender por qué hacía las cosas que hacía, sino que ni siquiera sabía qué era lo que hacía que tantos problemas me causaba.

Tenía que volver a aprenderlo todo, incluso el modo de funcionar de mi mente. Eso significaba que tenía que conocerme a mí misma.

La recuperación llegó seis meses y tres días después del ataque de depresión. La depresión desaparece a menudo con esa brusquedad y, cuando lo hace, el paciente siempre se da cuenta de ello. Yo intentaba leer un libro cuando sucedió. En estado de depresión aguda es casi imposible leer un libro. El conseguir que las palabras tuvieran un sentido se convirtió casi en una obsesión. Leía una frase, la releía y se me escapaba la información.

*Aquella noche concreta iba subrayando cada palabra mientras leía. Hubo una especie de... fogonazo en mi cabeza, como un silencioso ¡paf! Dejé un momento el libro. Es una sensación difícil de describir. Fue como un cambio de equilibrio o, si se prefiere, como si se despejase la nariz súbitamente después de un resfriado. Volví a tomar el libro, leí unas cuantas frases e interrumpí la lectura. No tenía ya dificultad alguna para retenerlo. Mi pensamiento funcionaba a varios niveles a la vez. Pensaba como suele hacerlo la mayoría de la gente. El doctor se mostró cauto cuando se lo dije: la depresión quizá se hubiese disipado, pero aún había trabajo que hacer y mucho que aprender si de veras quería superar la enfermedad. En realidad tardé dos años en poder decir que estaba de veras curada. Y por curada entiendo el ser capaz de mantener mi equilibrio, capaz de identificar inminentes ciclos depresivos, capaz de manejarlos sin medicamentos y sin hundirme en un estado vegetativo. Mi subconsciente y el funcionamiento de mi organismo ya no son misterios para mí. Hoy día estoy contenta tanto con la persona que ahora soy, como con mi vida. **Esa felicidad me ha dado una responsabilidad hacia aquellos que sufren de depresión y por eso escribo libros y dirijo programas de televisión dirigidos al público para*** *que tomen conciencia de la depresión, porque nunca como hoy ha necesitado el mundo tanta capacidad y tanta inteligencia.* No podemos permitirnos el lujo de dejar que se desperdicie ni una sola vida a causa de una enfermedad que impide desplegar todo el potencial del ser humano.

Si se curasen todos los casos de depresión existentes en nuestra sociedad, no se eliminarían por completo los problemas que impiden que la vida sea alegre y digna de vivirse, pero al menos nos permitiría abordar de modo más constructivo esos problemas, utilizando para ello todo nuestro potencial humano. No hay razón alguna para que una persona tenga que vivir mentalmente afligida sólo porque ignora qué es la depresión y cómo curarla. Es mi obligación ayudar a todos aquellos que están pasando por lo mismo que yo pasé. *Y, dada la situación actual de nuestro mundo, es urgente hacer todo lo posible por eliminar la depresión de la especie.»*

Este ejemplo sirve para hacernos conscientes de nuestro límite. Wina Sturgeon aprendió a comprender los estados depresivos en los demás cuando ella misma experimentó el sufrimiento que conlleva esa enfermedad.

Sintonía emocional

La capacidad de leer los mensajes emocionales se hace de una forma no verbal cuando se entienden los sentimientos. Unos cerebros sintonizan con otros cuando se tiene capacidad para compartir los sentimientos de los demás. ¿Qué juez, religioso, político, médico... tuvo capacidad para compartir tus sentimientos de verdad, Ramón? No cabe duda que habría gente con capacidad de amor y comprensión, sobre todo tu familia, amigos y amigas, pero la inmensa mayoría estaban ciegos para ver tus ansias de liberación. Sólo quizá algunos, después de tu muerte y por curiosidad, se habrán leído tu libro, empeñados en convencerse de que lo que tú pedías desde luego era una temeridad inconcebible. Porque cualquier ser humano vulgar que no sepa lo que es el sufrimiento y su cabeza esté llena de pájaros teóricos, está incapacitado para comprender el sufrimiento ajeno. Tu vida fue una tragedia, ¡pero qué importa si la vida es así! ¿Qué tipo de moralidad insensible posee esta gente? Hasta que les toca a ellos un tormento; de esta forma y sólo así, por lo menos, empezarían a comprender el sufrimiento ajeno.

Esta sociedad tiene falta de sintonía emocional porque sus cerebros están construidos en la torpeza y la ignorancia y, para colmo, plagados de formalismos burocráticos e intereses. Cuando una sociedad no entiende el sufrimiento ajeno puede llegar a ser abrumadora y peligrosa (ahí tenemos el caso de los nazis), la insensibilidad puede tomar cualquier forma de conducta maligna. Pero no solamente los seres inhumanos, la gente maltratada y poco comprendida, reaccionan. Si falta el entendimiento afectivo y la comunicación armónica, siempre habrá una muestra de consternación y resentimiento de aquellos que están sometidos al padecimiento. La insensibilidad de los demás es respondida con odio y resentimiento.

Eso es lo que te ha pasado a ti, Ramón; tu resquemor te hizo saltar y escribir con los dientes criticando a todos aquellos ciegos e insensibles que no pueden ni siquiera suponer ni lo más mínimo los horrores de una enfermedad como la tuya.

El coste de la falta de sintonía emocional entre los seres humanos puede ser extraordinario, pues si no se ejercitan las capacidades afectivas, éstas se atrofian, y arraigan y desarrollan la ineptitud para comprender las situaciones de los demás.

Cuando se fracasa emocionalmente, se dejará de expresar y sentir toda la gama de emociones que vigorizan las relaciones humanas.

Hay en los seres humanos una tendencia a la muerte sorprendente. La propia ignorancia es la muerte de la luz del conocimiento. El olvido es la muerte de la memoria. Y el cuerpo muere indefectiblemente. Todos nos negamos a claudicar y todos ignoramos que nos vamos transformando en otros seres y en otras formas. Es importante no dejar de creer en el misterio, porque en él están todos los sueños dormidos esperando despertar para creer en la mágica esperanza que existe en el fondo de todos los seres humanos.

Cuando no se responde al llanto y al sufrimiento es porque se ha desvanecido la riqueza sensible y empática de la humanidad, y como consecuencia nos volvemos extraños, dando paso a la muerte del SER humano, con el peligro de que la civilización entera muera a manos del caos terrible de las bajas pasiones. Esto puede sonar a exageración, pero es verdad que donde existe el vacío, éste puede llenarse de cualquier cosa. Y las mentes de los seres ignorantes se dejan llevar fácilmente por tendencias instintivas y violentas que son las que antes afloran.

CAPÍTULO V

ENFERMERAS DE LA MUERTE

A veces salta a los periódicos la noticia de las enfermeras de la muerte; estos hechos tienen que invitarnos a la reflexión sobre el dolor y la angustia de los enfermos incurables.

¿Qué sienten estas personas cuando toman esas decisiones, donde sólo hay por medio el sufrimiento terrible y la súplica de la muerte por parte del enfermo? Un ser sensible y humano sentiría mucha compasión al conectar con el dolor profundo que el enfermo le transmite. La conciencia de uno mismo puede ponerse en el lugar del otro para comprender en las propias carnes el suplicio de la terrible enfermedad que azota al cuerpo y al alma, como un impulso de la vida pidiendo la liberación de la muerte para entrar en otra fase de equilibrio. Cuando estas enfermeras recorren los corredores del infierno, para muchos enfermos son los posibles ángeles libertadores, que les ayudarán a traspasar la barrera del dolor para morir en paz, y recurren a ellas como una salida a la desesperación. Pero la mayoría se revisten de una pétrea coraza profesional de indiferencia, que les priva de sentir el dolor ajeno. Ellas hacen su trabajo rutinario sin el más mínimo sentimiento por aquellos que se retuercen en su desesperación.

En los hospitales suele abundar la insensibilidad y en muchos casos aparece el sadismo inhumano, e incluso interesado, que puede provocar la muerte de aquellos enfermos que no quieren morir. Muchas veces han sido noticia las enfermeras sádicas, criminales de la inocencia que, como el nazismo, aterrorizan y matan sin piedad a los enfermos. Estos seres extremos desprovistos del más mínimo respeto por sus semejantes suelen aparecer de improviso en todas partes y nadie los detecta a tiempo. ¿Es invisible su maldad y sus intereses para que las demás personas no se den cuenta

> La maldad es astuta y sigilosa. Imita y se adapta a la bondad para obtener el beneficio que buscan sus bajas tendencias. Estos seres albergan una crueldad terrible y engañosa y son seres humanos.

de su presencia? Y sin embargo se sitúan bien. Sigilosamente investigan y se mueven hasta que encuentran la presa o gran cantidad de presas para masacrarlas con odio asesino. Estas situaciones enturbiaron muchas veces los hospitales y las residencias de ancianos. ¡Pobrecitos! ¿Cómo no van a tener miedo si son indefensos humanos que como niños pequeños tienen que dejarse hacer todo lo que los demás quieran? Y si esos profesionales carecen de humanidad, padecerán un infierno añadido. Reconozco que la legalización de la eutanasia dé miedo, pero estos casos son extremos y lo que impera es la cordura, la profesionalidad y el conocimiento del dolor. Eso pienso yo, aunque con asiduidad piense lo contrario.

Entre tanta normalidad e indiferencia rutinaria siempre hay chispas que se encienden en la mente de los seres humanos para comprender. La sensibilidad no soporta que se prive del derecho a una muerte digna a las personas que la solicitan con insistencia en una fase terminal.

Sentir piedad por el prójimo es un sentimiento que nace del amor y la ternura por los demás. Es ponerse en el lugar del otro para saber del horror del infierno y ayudar en la medida que se pueda a paliar el martirio de la enfermedad. Este impulso nace en determinados seres, arriesgando el trabajo, la propia libertad e incluso la vida. Cuando se siente amor por los demás, y por suerte muchos seres humanos sienten esta emocion profunda, se produce una revolución interna. Las emociones se combinan unas con otras en la propia conciencia como un remolino. El miedo, el resentimiento hacia la enfermedad dañina, el profundo odio hacia el sistema insensible, el misterio del porqué de la enfermedad..., tantos aspectos se tienen en cuenta, que al final un sentimiento de piedad surge entre el caos emocional. La razón

> Entre un ser espiritual y un ser ordinario hay diferencias notorias. La espiritualidad humaniza y reviste a los seres de aspecto brillante. Su comportamiento adquiere sensibilidad y atención para el equilibrio y la armonía.

y el sentimiento parece que necesitan con premura ponerse de acuerdo. El pensamiento y la razón lógica quieren controlar para tomar una decisión definitiva y surgen multitud de preguntas:

—¿Qué es lo mejor para esta persona que sufre y quiere liberarse con la muerte? ¿Qué tengo que hacer si la familia y el enfermo piden con insistencia la liberación? ¿Seré un criminal o un benefactor?

Y se plantea un coflicto de conciencia. Por una parte la muerte dulce y compasiva es la respuesta. Escuchando de nuevo día a día la súplica del enfermo, viendo y sintiendo su sufrimiento, no queda más remedio que llevar a la acción su liberación, sin pensar en las consecuencias.

—Sé que me expulsarán del hospital, seré condenada y a los ojos del mundo inconexo seré una criminal. Asumo todo cuanto me venga e incluso mi propio suicidio, si llegara el caso. Es injusto e inhumano la terrible paradoja de prolongar la agonía como un supuesto bien para el enfermo, cuando éste se niega a seguir sufriendo su enfermedad. Soy consciente de lo que voy a hacer porque mi análisis objetivo me indica que debo hacerlo. Además no puedo traicionar a tantos amigos y amigas que me piden con urgencia la muerte —estos pensamientos suenan a locura, pero son razonamientos que una enfermera sensible, amiga de los enfermos incurables, provoca en su mente solidarizándose con ellos en el dolor. No puede estar loca ni ser una inconsciente una persona que se cuestiona tan profundamente decisiones que pueden afectar incluso a su integridad física.

Una enfermera prudente y muy humana hablaba en profundidad con la paciente desahuciada, porque sentía que la necesitaba. Una anciana de ochenta años pedía la muerte con ansias. Su mente lúcida no soportaba ver y sentir cómo su vida se iba consumiendo lentamente a causa de un cáncer de pulmón. Pedía con desesperación pasar a mejor vida. Hablaba muy a menudo con Marta, su enfermera y amiga, una mujer de treinta años. Le suplicaba que terminara con ella de una vez por todas.

—¡Hija mía, quiero morir! Tengo muchos dolores. Ya he vivido bastante. Habla con mi familia, ella estará de acuerdo. Por favor.

Marta escuchaba todos los días las súplicas de la anciana y su corazón se partía por dentro al contemplar su delgadez y aquellos ojos desesperados, tantas veces suplicando la muerte. Su enfermedad era incurable y se mantenía viva a base de remedios paliativos, de otra forma habría muerto en el preciso instante fijado en el calendario de su destino. Pero el ser humano interfiere. Sus intenciones pueden ser muy buenas y éticas. Se comprende que en muchos casos, con normalidad, los enfermos no quieran morir. Siempre la esperanza de la recuperación y del equilibrio de la vida están presentes en ellos y en sus familiares, que en muchos casos prefieren tenerlos en las condiciones que sea pero vivos. Se resisten a perderlos para siempre. Concepción no era ese tipo de enferma que a pesar de todo quiere vivir. Ella deseaba morir cuanto antes. Había perdido el interés por la vida y se concentraba en la muerte como algo natural. Cuando le llegó su hora, no la dejaron partir y se consumía en aquella cama de hospital a la espera interminable de la muerte.

—¡Por favor, dejadme morir! —se lamentaba continuamente—. ¡Dejadme morir, os lo suplico! ¡Ay!

Concepción murió. Marta suministró a la enferma un ansiolítico depresor de la función respiratoria, con el consentimiento de toda la familia.

¿Qué le habría pasado a esta enfermera si este caso ficticio hubiera sido verdad?

La realidad, en muchos casos, supera la ficción

Una enfermera francesa reconoce haber acabado con la vida de treinta pacientes terminales.

La mujer ha sido procesada y está en libertad vigilada por decisión judicial.

Christine Malevre, una joven enfermera de un hospital cercano a París, acaba de ser procesada por haber reconocido ante el juez que ayudó a morir a treinta de sus pacientes en fase terminal. Considerada una buena profesional, la enfermera ha declarado que sólo la compasión y el sufrimiento de los enfermos motivaron su comportamiento.

Ésta era la noticia del 26 de julio de 1998. Conmovedora y triste para muchos, pero reconfortante y liberadora para los enfermos y los familiares de las víctimas en fase terminal, que sufrían el tormento del dolor de la enfermedad incurable.

—Sí, yo puse fin a los sufrimientos de mis pacientes y lamento no haber podido hacer las cosas de otra manera, porque si el sufrimiento de los pacientes se hubiera tenido en cuenta no habría tomado esa decisión —dijo Christine, de veintiocho años, enfermera de base.

El 15 de marzo de 1996, pocos meses después de su incorporación al servicio de neumonía del hospital François Quesnay, Christine fue testigo de un suceso dramático que, según el director del hospital, Henri Goset, debió marcarle de manera determinante. Ese día, en su servicio de la planta sexta de neumología, un anciano de setenta y seis años, antiguo enfermero, penetró armado con una escopeta en la habitación ocupada por una mujer, Odette, aquejada de alzheimer. El hombre, que tiempo atrás había reclamado que se pusiera fin a los padecimientos de su esposa, mató a su mujer de varios disparos y se suicidó a continuación. La policía encontró en su casa un escrito que explicaba las razones de su com-

> Los sonidos de la angustia son como arañazos que se infringen a la propia sensibilidad. Ante el dolor, el sentimiento nos hace reaccionar sufriendo y así podemos dar una respuesta desde la existencia del ser que vibra. Si por el contrario existe el vacío y la falta de conexión con las desgracias ajenas, es síntoma de muchas carencias. Esos seres son víctimas de la deshumanización y la ignorancia.

portamiento. Christine fue la primera persona que se precipitó en la habitación nada más escuchar las detonaciones, y esas imágenes, ese hecho horrible, la mantuvo traumatizada durante mucho tiempo.

> El mal de Alzheimer se me ha instalado en la cabeza como una pesadilla, cuando vi con mis propios ojos a estos enfermos. ¡Qué salvaje enfermedad en fase final! Y si alguien te suplica en estas condiciones que le ayudes a morir, ¿tú qué harías?

Rose-Marie, la esposa de uno de los fallecidos, manifestó algunas veces ante la enfermera su desolación por la enfermedad dolorosa e incurable de su marido.

—Vale más la muerte que una agonía lenta —dijo muchas veces la desconsolada viuda.

Christine captó este mensaje desesperado y otros tantos como éste y sintió dentro el dolor de los enfermos y sus familiares. Esta enfermera, según Rose-Marie, era muy cariñosa y atenta, y la dirección del hospital François Quesnay la califica como una excelente profesional.

—Yo no sé si darle las gracias o llamarla criminal, estoy atormentada por la duda. Incontables veces sentí mucha desesperanza por el sufrimiento de mi marido. Era intolerable y lo manifesté —dijo Rose-Marie.

La joven enfermera interpretó todos los mensajes de dolor, irritación e impotencia como una autorización para acabar con el dolor, y se tomó la justicia por su mano. Entre enero de 1997 y mayo de 1998 acabó con la tortura en treinta ocasiones. Christine no pudo soportar el panorama cotidiano de dolor y angustia. En algunos casos cedió a las peticiones de los familiares de los enfermos y en otros a las súplicas de los propios pacientes en situación irreversible.

Algunos familiares de los fallecidos telefonearon durante algunos días al hospital solidarizándose con ella. Ninguno de ellos la ha denunciado, aunque Rose-Marie dice que:

—Yo no acepto que mis palabras albergaran darle permiso para poner término a la vida de mi esposo.

—La situacion irreversible de los enfermos, de noventa años permanentemente entubados, a la espera de que llegue ese momento de la desconexión, es como un ensañamiento, una falta de respeto a la dignidad humana —dijo el doctor Ouchenir.

—Christine debió vivir una inmensa soledad en los últimos años. Todos la considerábamos una excelente profesional, activa, sensible y concienzuda en el trabajo. Puso fin a la agonía de sus pacientes sin consultar con nadie, asumiendo así toda la responsabilidad —manifestaron sus compañeros.

No entendemos bien el sufrimiento de la enfermedad hasta que estamos enfermos del mismo mal, pero muchos seres humanos son capaces de conectar con el interior profundo de los seres humanos leyendo los gestos y escuchando las palabras impregnadas de terror de tanto sufrimiento de la enfermedad dañina.

En Francia la eutanasia, que no figura en el Código Penal —Christine se enfrenta a una pena de treinta años de cárcel—, ha abierto un debate que enfrenta a detractores y partidarios de la intervención y que ha puesto al descubierto la insuficiencia de los cuidados paliativos. El propio secretario de Estado para la Sanidad, Bernard Kouchner, admite un retraso de veinte años respecto a Inglaterra y los países nórdicos, y reconoce que hay regiones francesas que carecen incluso de equipos de cuidados paliativos. Es un debate que vuelve sobre los padecimientos de los enfermos irreversibles y sus derechos; la muerte silenciosa que se practica en los hospitales; la calidad de vida del condenado a morir; si tiene sentido apurar las últimas horas de vida en una habitación de hospital.

«Estamos atrapados entre la ley que nos prohíbe intervernir y el sufrimiento al que asistimos cada día —indica Abdelkader Auchenir, médico reanimador del hospital André-Mignot—. ¿Qué podemos hacer cuando nos encontramos con un enfermo de cáncer de pulmón que se asfixia y que nos suplica que acabemos de una vez con su suplicio? La ley, desde luego, no nos dice nada.»

Por el contrario, el profesor George Mathé, uno de los primeros especialistas franceses en plantear la cuestión de las últimas horas de vida de los pacientes terminales, no cree que los médicos deban hacer caso a los enfermos que piden que se precipite su final.

«No podemos saber si ésa es su posición definitiva; no podemos saber si al día siguiente esta persona va a cambiar de opinión; no podemos, por tanto, tomar una decisión definitiva», señala el profesor. *Salvo la Iglesia católica quizá, nadie cuestiona la «eutanasia pasiva», la desconexión de los aparatos de respiración artificial, diálisis, etc., que mantienen artificialmente al enfermo terminal con vida. Llegado el momento, a determinar por los médicos, la «eutanasia pasiva» se aplica con regularidad en los hospitales franceses, hasta el punto de que, según estudios mostrados por el diario* Liberation, *«una de cada dos personas hospitalizadas en las unidades de reanimación fallece en la práctica como consecuencia de la decisión de limitar o interrumpir las terapias». Una decisión que jamás se deja en manos de los familiares, aunque en la gran mayoría de los casos se les da cuenta, «siquiera parcialmente, cuidando muy mucho las palabras» de la eventual «parada terapéutica».*

(*El País,* agosto de 1998.)

CAPÍTULO VI

MI DOLOR PARA COMPRENDER TU INFIERNO Y EL DESEO DE MORIR, RAMÓN

La muerte hay que enterrarla para que no se vea. Ya desde niños nos ocultan una de las realidades más objetivas de la vida. Todavía en la educación de los niños impera la terrible hipocresía, el miedo a quedar traumatizados al contemplar que la vida de los seres vivos no dura para siempre. Nadie sabe crear una «asignatura de la muerte» porque suena a terrible y dramático, y sin embargo morir es tan normal como vivir. ¿No sería mejor que explicaran de una forma natural el proceso de la vida y la muerte y desde niños nos acostumbráramos todos a ver el límite de la vida? La muerte como el sexo han sido siempre temas «tabú», intocables por la moralidad estúpida de una sociedad que permanece todavía en las nubes de su ignorancia mental, por culpa de esos energúmenos moralistas, torpes e insensatos. De esta forma la alegría de vivir la destruyen y crean estados de ansiedad y traumas que duran toda la corta vida que vivimos.

Ramón, aquellas imágenes de tu muerte fueron muy duras. Siempre la muerte conmueve, aunque uno sea consciente de que es normal. Y más siendo una muerte planificada para provocar reacción en la insensible sociedad a la que con tanto esfuerzo te habías dirigido a través de tus sentimientos y tu necesidad de morir. Yo me pregunté: ¿Cómo era posible que una mente tan lúcida y valiosa como la tuya pudiera llegar a ese extremo? En mi ignorancia no podía entender cómo un ser tan iluminado de bondad pudiera segar su vida de aquella manera. Un escalofrío y después un estremecimiento sacudieron todo mi ser. Me emocioné y lloré. No podía creer lo que estaba viendo y oyendo. Me acuerdo que sentí tu profunda rebeldía; tu serenidad expresando la esencia de todo aquello que anhelaste durante años; aquellos tragos del cianuro mortal, y después... tu muerte me impactó... ¡de qué manera! Sentí que estabas dando una lección al mundo, pero no podía comprenderte, porque te conocía muy poco y estaba alejado del sufrimiento. En mi vida normal, en mi familia, entre mis amigos, no existía el sufrimiento extremo.

Había leído algo de ti en los periódicos. Sabía que eras escritor y sabía de tu desgraciado accidente. En mi fuero interno intuía razones poderosas de dolor y

> El miedo desaparece cuando el deseo de transformación es profundamente necesario. Todas las circunstancias que en condiciones normales se ven de forma dañina, adquieren un semblante noble.

angustia de vivir: nadie se mata si no es por causas poderosas. Si la vida es un infierno, ella misma nos provoca a destruirla, porque la realidad más profunda es que nacemos para gozar. Somos simientes que tienen que germinar y crecer. Si las circunstancias nefastas impiden nuestro crecimiento y se oscurecen las razones imperiosas de nuestra existencia, empezamos la cuenta atrás hasta romper el cascarón del misterio y alcanzar la libertad que perdimos. Los seres humanos tenemos ansias de felicidad, de esta forma todo el proceso tiene sentido. Toda la naturaleza creada muestra un semblante luminoso, explosivo, alegre..., donde la vida puede desarrollarse a sus anchas y en total plenitud. Pero no toda florece y vuela alto; muchos seres vivos, plantas, flores, animales, seres humanos..., se tronchan en un momento inesperado. Se quiebra la vida física y el interior. Podemos llegar a ser tetrapléjicos físicos y mentales, porque somos muy frágiles. Soy consciente de que el sufrimiento precipita a la destrucción para transformar la realidad que azota implacablemente.

> La muerte que supone liberación se espera con alegría. Un trago amargo que se hace suave y necesario cuando las circunstancias nos obligan a romper con la siniestra sombra de la enfermedad.

Después de leer tu libro, conozco profundamente tus sentimientos. Eras muy bueno, Ramón, y muy valioso para hacer pensar a esta sociedad vana, orgullosa e ignorante. Muy pocos habrán entendido tu postura y tu dolor.

Yo también sufro a diario, pero no tiene ni punto de comparación, porque no tengo ningún impedimento físico, ni enfermedad incurable. Mi mal es, entre otras cosas, un terrible exceso de ignoracia, pero tengo libertad suficiente para entender que puedo superarlo, y lo supero. Aunque muchas veces me dan ganas de morir porque no aguanto el martirio de esta vida que me deprime y hace sufrir hasta límites insospechados, por no comprender nada, por no saber nada del profundo misterio que nos envuelve, por la terrible degeneración del ser humano, no aguanto la muerte de los demás... No he podido asimilar que todo tenga que ser así, tan tremendo y disparatado. Tan aparentemente sin sentido por causa de mi ignorancia. Nosotros, los seres humanos, lo complicamos todo. A veces me siento quemado e impotente por no saber resolver los problemas más íntimos de mi vida. Pero a pesar de mi terrible pesimismo, me supero. Tengo muchas oportunidades y capacidades físicas y mentales de las que puedo echar mano para apaciguar las tormentas de mi mente enloquecida. Tengo capacidad para

> El sufrimiento circula por nuestra vida como la sangre, produciendo continuas transformaciones. El sufrimiento parece inevitable. Siempre vamos en pos de la felicidad y nos dormimos en sus laureles, pero la realidad que se evidencia es que sufrimos por algo y para algo. ¿Qué misterio encierra el sufrimiento en la vida? ¿Por qué es tan necesario para despertarnos?

aprender a mitigar el dolor y hacerlo más soportable. Pero tú, Ramón, y todos los que viven en idénticas circunstancias, estáis presos en un cuerpo irremediablemente muerto.

Cuando observo tu cara en las fotografías de la portada y contraportada de tu libro, veo un semblante sonriente, bueno, bondadoso... A pesar de todos tus padecimientos durante treinta años en el dolor, tu rostro no es el de la desesperación ni la locura. Tu semblante mostraba a un hombre tremendamente cuerdo y necesario para esta sociedad infame. Habías crecido por dentro con fuerza y empuje desde el sentimiento y las razones poderosas. Eras un pensador profundamente sincero y auténtico. Como tú decías, tenías mucho tiempo para pensar y reflexionar, y así lo hiciste. Hoy, que nadie tiene tiempo para pensar ni reflexionar, tú eras muy necesario, porque en esas cuatro paredes de tu habitación desarrollaste una intensa vida de pensamiento y sabiduría. Pensabas en todo aquello que los demás no podían ni por asomo contemplar ni discernir. ¡Menos mal que dejaste tu mensaje escrito al mundo! Todo tu esfuerzo perdurará en el tiempo para la evolución de nuestra especie hacia la humanidad sensible y justa. Tu gran e inapreciable esfuerzo de escribir con los dientes ha servido de algo. Para mí fuiste conmovedor y ya formas parte de mi universo particular. Estás en mi corazón como un ser muy especial y valiente. ¡Cuántas veces haces mención al dolor y a la angustia de vivir en esas condiciones! Decías que estabas muerto. Para mí los muertos son ellos, esos espantos que dirigen nuestra sociedad desde las alturas, con la importancia vana de la autoridad. Tu insistencia y tus convencimientos por el dolor tan profundo de verte así con un cuerpo inútil estaban muy vivos y seguros. Tu mente, Ramón, tus sentimientos, tu ansia de expresar el fruto de la reflexión más profunda, no estaban muertos. ¡Cuántos muertos parlantes existen hoy día que andan y dicen que piensan! Pero no piensan ni sienten. ¡Cuántos desiertos con cuerpos musculosos llenos a rebosar de salud física y muertos por dentro! Los muertos de estas características no pueden hablar de amor porque no saben que existe esa emoción. Ni son poetas de la realidad. Tú, sin embargo, eras pura emoción, pura vida, y desde tu vergel podías lanzar flores muy diversas al viento. Y ya ves, ¡cuántos como yo habrán recogido tu mensaje de vida! ¡A cuántos seres humanos habrás marcado para que comprendan, más allá de su limitada visión, lo que significa el sufrimiento y la liberación! Ha sido necesario que existiera un ser de tu categoría y, aunque para ti fue terrible, para nosotros, los que comprendemos un poco, también, y sin embargo tus circuntancias fueron impactan-

> Cuando un ser humano empieza
> a deshumanizarse, aparecen
> los síntomas de la muerte.
> Es un veneno que azota
> y seca las emociones nobles.
> Desde ese momento sus
> palabras son dardos de
> amargura contagiosa.
> RAMÓN SAMPEDRO SERÁ
> UN VIVO ETERNO
> EN LAS MENTES
> DE LOS SERES HUMANOS.

tes en la vida y en la muerte. No estabas muertos, incluso ahora tu espíritu revolotea lleno de vida y verdad en la sociedad entera pidiendo a gritos que se libere con una ley justa a tantos seres desgraciados que suplican la eutanasia.

A mí me has convencido, Ramón, y permanecerás vivo para siempre en la mente de la humanidad que quiere evolucionar hacia su libertad total.

«¿Y cómo hablo de amor si estoy muerto?
Si los muertos no tenemos pasiones,
ni de humanos afectos sentimientos,
sólo somos de los vivos el espanto.

Todo es incoherencia y contradición
para un muerto entre los mortales.
No lo excitan la luna, ni la flor, ni la hembra,
porque no tiene carne para reproducirse.
¿Hay cosa más absurda que escuchar a un cadáver
hablar apasionadamente como un humano,
si no puedo sentir el calor ni el frío,
ni el placer ni el dolor o el llanto?
Es horrible ser un muerto entre los humanos,
ser el muñeco con quien representan una
parodia absurda
los psicópatas esquizofrénicos vivos
que disfrutan con la visión de un cadáver
putrefacto.»

(Ramón Sampedro.)

Dolor por la enfermedad
y muerte de mi padre

Hace nueve años yo pensaba que mi padre estaba muerto por dentro, porque sus facultades físicas y mentales se deterioraron por un maldito cáncer que le afectó el cerebro. No podía andar y tampoco podía expresar con palabras lo que sentía. Yo por entonces era el rey de la ceguera y la estupidez, y no me di cuenta de que su interior era el mismo de siempre. Muchas veces, en silencio, sus lágrimas surcaban su rostro, y gota a gota, de sentimiento, empapaban su almohada. Y yo sin saberlo sufría.

—¿Papá, por qué lloras? —y no obtenía respuesta con palabras. Me miraba y lloraba. Mi ceguera emocional era tan grande, que no podía leer sus emociones. Me estremecía, pero no podía entenderle. Apretaba los ojos sin poder hablar. Tenía que haber apreciado algo más que aquellas lagrimas, pero era muy burro para comprender el lenguaje del interior. Yo era preso de la deshumanizada vida. Uno de esos atrapados e incapaces de abrirse camino sin dejar de pensar en el maldito dinero. Por la mañana, por la tarde, por la noche..., planificando. Mi cerebro eran «pelas» y lo peor de todo es que no ganaba ni un duro. Era excesivamente ignorante, egoísta, estúpido, listillo, ganso... Una mezcla de idealismo e intereses económicos. En una palabra, una contradicción completa. Un ciego insoportable abocado a convertirse en un desgraciado pícaro para empezar a practicar «la trampa y el cartón». Todos, casi todos, seguían este sistema y la «mala hostia». Me parecía que sin ese estado emocional agresivo y negativo era imposible triunfar. La sociedad del triunfo utilizaba esta forma como la bomba atómica, y a la más mínima estallaban los petardos para acojonar y controlar a las personas y las situaciones. No había que ser tonto y había que espabilar, parecía la única forma de luchar en aquella selva. Los valores empezaron a ser un estorbo y los fui aniquilando. El amor, una gilipollez. En un mundo de cafres, había que ser insensible e inhumano como ellos.

> La emociones nobles nos identifican con los demás. La verdadera unión del mundo humano algún día será emocional, puesto que es lo único que nos identifica los unos con los otros y nos hace verdaderos.

Pero siempre hubo un rayo de claridad en mi conciencia que deploraba aquel sistema inhumano y opté por revolverme contra aquella mentalidad maligna que me asfixiaba. Y me declaré enemigo público número uno del sistema maldito e irracional que impera en nuestra sociedad. Ahora, después de los años que han pasado, comprendo muchas cosas. Muchas reacciones que no supe comprender en aquellos momentos, porque estaba eclipsado, y sin remedio me precipitaba a la locura de la insensibilidad por la muerte de los valores de la vida.

¡Cuánto dolor sentiría mi padre y no supe percibir con la intensidad de un ser humano despierto para entender y amar desde el profundo conocimiento!

Quise entenderle, y ahora en mis recuerdos profundizo en aquellos momentos de dolor intenso. Ramón, en una de tus frases de profunda madurez, dices que... *para alcanzar la categoría de ser humano, hay que aprender a leer en el único libro que no miente. Hay que aprender a leer en los ojos y en los gestos de cualquier ser viviente. Todo aquel que no se vea reflejado a sí mismo en ellos, es un analfabeto en la ciencia de la vida.* Es un analfabeto emocional. La conciencia de uno mismo es la capacidad donde se erige la empatía, porque cuanto más abiertos nos hallemos a nuestras propias emociones, mayor será nuestra destreza en la comprensión de los sentimientos de los demás; si no es así, nos sentimos desorientados con el mundo que nos rodea. Somos ciegos y sordos insensibles a las emociones que transmiten los demás. ¡Qué terrible es esto, Ramón! Las instituciones no se dan cuenta de nada, su ceguera llega a ser perversa. Están en las nubes, amigo mío. Sus emociones siempre giran en términos economicos y ¿qué puede saber un maldito homo-economicus de sentimientos nobles? Como yo digo muchas veces: «Hay que pasarlo para saber lo que se pasa.» Muchos tenían que haber experimentado en sus propias carnes el dolor y el sufrimiento de un tetrapléjico. Estar algún tiempo en las condiciones que tú estuviste para comprender en profundidad tus continuas manifestaciones de querer morir dignamente. Sólo así, viviendo una temporada en el infierno, se podría pensar en dar una solución ética a todos aquellos seres que desean dejar este mundo infame que están padeciendo.

Desde que murió mi padre, he pensado mucho en la esperanza de la liberación y el sentimiento trágico del desenlace, lo desconocido... Al sentir la llegada cercana de la muerte se conmovió el espíritu de mi padre. Ya no había ninguna salida. Estaba atrapado por el sufrimiento y la enfermedad y el único desenlace era la muerte. Esta circunstancia producía en él estados emocionales de profunda pesadumbre emocional. Lo sé ahora después de muchos años de pensar en él. Cada momento fue recordado y analizado en mi mente para saber que cuando la vida nos precipita a la antesala de la muerte se produce dolor e inadaptación. Es como un golpe recibido de improviso que nos transporta a un espacio mental

> La transformación exige un cambio del propio cuerpo y un sacrificio de la vida para ir a parar al misterio de una dimensión que no conocemos.

donde tenemos que asimilar el acontecimiento y adaptarnos a la nueva situación. Me acuerdo que, cuando le llevaba al servicio apoyado en mi hombro, andaba lentamente y, al llegar al aseo a la altura del espejo, se miraba entornando los ojos. Yo sentía dolor, su propio y profundo dolor de no poder verle volver a gozar de su libertad física y mental. Ya no se podría levantar como todas las mañanas para realizar sus actividades. Perdía su libertad por momentos. Su lucha diaria se acabaría allí, en aquel hospital. Se miraba de nuevo en el espejo, como intentando encontrar al ser humano perdido que llevaba dentro, pero no podía ver más que un rostro enfermo, surcado por el dolor y la confusión, y se encogía de hombros como diciendo: ¡Qué le vamos a hacer! La cuenta atrás de su vida hacia la muerte, producida por la enfermedad, desintegraba por momentos la unidad estructurada entre la mente y el cuerpo. Su sentimiento religioso le alumbraba un camino que él había sentido durante toda su vida. Se aferraba a la Virgen María, en la que creía firmemente, y nunca salió de su boca ningún insulto al misterio de lo desconocido.

Aquella realidad del cáncer decadente era una prueba para él y para nosotros: su familia. Inevitablemente, el sufrimiento nos unía en el dolor y nos separaba de la vida normal de equilibrio. Su padecer era el nuestro y su tiempo se había convertido en perlas preciosas. Cada segundo tenía un valor incalculable, porque éramos conscientes de la brevedad de su vida.

A pesar de mi forma de ser estúpida, me esforzaba en comprenderle y amarle con todas mis fuerzas. En aquellos momentos necesitaba mucha atención y mucho amor. Mi padre nunca más regresaría ya a su estado normal: andar,

> Saber lo que se pasa en cada situación nos da la posibilidad de entender las diversas circunstancias. Si nos cortan una pierna, sabremos lo que ha sentido otra persona que ha sufrido el mismo traumatismo. Si tenemos un accidente de tráfico, viviremos más profundamente el accidente. Empatizar es saber lo que sucede en el interior de las personas.

moverse, hablar, reír... Se iba consumiendo por momentos, entrando en diferentes etapas, para no volver más a la anterior, hasta llegar a la muerte. Cuando le veía en casa en los vídeos grabados en años anteriores, me sobrecogía, produciéndome asombro el hecho de ver su cara sonriente hablando y moviéndose con normalidad. Me estremecía no poder verlo nunca más tal como fue. Mi padre ya no podía hablar ni andar... Ya no era aquel que me ofrecía continuamente su protección. Se estaba rompiendo por momentos todo su mundo consciente de afectos. Mi padre se hundía en la inconsciencia, y en los últimos días empezó por momentos a borrarse de su memoria lo que significábamos para él. Una muerte rápida nos deja el recuerdo de la persona en su estado normal, pero cuando se produce ese lento y decrépito avance del deterioro físico y mental, causa trauma y pavor contemplar el rostro decandente de otras realidades transformadas en lo que nunca llegamos a pensar. Se produce una conmoción entre lo que consideramos normal y el hecho evidente de la fase terminal. ¡En un mes se sucedieron tantas muertes en mi padre! Porque la decadencia es el derrumbe lento de todas las características que nos hacen humanos e inhumanos.

En aquellas circunstancias, deseaba que muriese, no soportaba verlo tan humillado y en tan lamentables condiciones. Con mis pensamientos, le estaba rematando en vida para no verle sufrir tanto. ¡Qué horroroso! Durante mucho tiempo me arrepentí de aquellos sentimientos que fueron provocados por el dolor. No soportaba verle en aquella lamentable situación. ¿Quién le producía aquella indignante y macabra humillación? Mi rabia me hacía insultar a Dios y a la naturaleza entera por ser tan malvada. ¿Por qué tenemos que padecer tanto? ¿Qué sentido tiene la existencia bañada en el horror del sufrimiento? Mis preguntas no tenían respuestas. Mi ignorancia fue un gran impedimento para comprender el sentido de la vida, la enfermedad y la muerte. Un hombre tan bueno no merecía morirse así. Después de haber luchado tan limpia y noblemente en la vida, se merecía otra cosa. Los malvados quizá mueran de una forma más dulce, pero esto tampoco era así. La terrible enfermedad se presenta a ricos y pobres, buenos y malos. No discrimina. Tendría que ser diferente, pero es así. ¿Por qué este desgraciado mundo somete a la gente buena a tantas desgracias y tanto dolor? ¿Por qué todo tiene que ser tan incomprensible desde mi punto de vista moral? Desde luego la realidad caminaba por otros senderos muy distintos a los que me habían educado. Sentía mucho dolor porque le estaba perdiendo en aquellas condiciones deplorables. Ya no había retorno. Aquel suplicio de la enfermedad y la agonía, de tener conciencia de la vida y de la muerte. De no estar en un sitio ni en otro. Sé que fueron momentos terribles para él. Deseaba que muriese y, a la vez, esperaba un milagro que le salvara la vida. Me imaginaba regresando con él a casa como en otras ocasiones. Después de un buen susto y como si no hubiera pasado nada regresábamos al hogar. Pero aquella vez iba en serio. No hubo regreso. La maldita muerte le había atrapado sin remedio. ¡Qué dolor tan terrible al comprobar que no había vuelta de hoja! Al final

el destino le sometió a una dura prueba. Toda su vida no
había sido de color rosa y ahora... el destino le sometía a
la última prueba tortuosa. Un mes entero en el hospital y
en una silla de ruedas, sometido continuamente a pruebas
dolorosas que podían haberse evitado: quimioterapia,
pinchazos, exploraciones, medicinas... Se le caía el pelo y
le salieron en la boca y la garganta unos malditos hongos
que le escocían y no le dejaban comer ni tragar los ali-
mentos. ¡Maldito hospital! ¡Malditos médicos! ¡Maldita
insensibililidad la de aquel infierno! No sabes tú, Ramón,
cuántas almas horrorosas vi allí. Bueno, almas no: ¡malditos demonios insensibles por costumbre! No hay nada
más terrible que descubrir en médicos y enfermeros la
rutina y el tedio materialista, sin una pizca de amor. Pero
siempre, incluso en el infierno, algún alma buena apaga el
fuego y aleja el hedor insoportable. Aquella bondadosa
enfermera negra desprendía amor. Su ritmo de trabajo, su
entrega y una sonrisa encendida aliviaban el mal ambien-
te que los demás bichos inmundos infectaban. Despojos
fatídicos de lo inhumano. ¡Cuántas veces me arrepiento
de haberle movido de
casa!, allí por lo menos no   Todo el mundo que vive
habría sufrido tanto y,   pensando en el más allá, se
aunque toda la familia le   priva de vivir el profundo
acompañamos hasta su   significado del presente y su
muerte, tendríamos que   profunda verdad.
haberlo dejado quieto en
su querido hogar. ¡Qué tristeza siento al recordarlo!
Aquellos días de dolor profundo transformaron mi vida.
No podía creer lo que estaba sucediendo. Parecía todo un

sueño. Cuando despertaba y era consciente de la realidad me parecía increíble, tenía que hacer verdaderos esfuerzos para adaptarme a la realidad. ¡Cuánto dolor insoportable! Quería que terminara definitivamente aquel suplicio. Esperaba un desenlace de un momento a otro. Un nuevo equilibrio, porque todo en la vida tiende a la estabilidad. El equilibrio y la paz de mi padre y «el hachazo invisible y homicida» de su muerte para toda la familia. Pero en realidad sería un descanso para todos y un volver de nuevo a renacer a otra forma de vivir sin él.

> La muerte es un bien deseado por las personas que física o psíquicamente padecen sufrimientos insoportables. Hoy día, por desgracia, millones de personas sufren en silencio y desean un desenlace inmediato a todos sus males.

Un día, a la misma habitación de mi padre, llegó un enfermo muy grave. Se llamaba Mariano. Tenía cáncer de hígado. El color amarillento de su cara mostraba la evidencia de aquella enfermedad. Duró dos días y no cesaba de maldecir y blasfemar:

—¡Me cago en Dios, la que me ha caído! —decía, horrorizado, al verse en aquella situación.

—La que me ha caído. ¿Pero qué he hecho yo para merecer esto? ¡Me cago en Dios! Si yo siempre he tenío mu buena salud —mi padre no sé si podía escucharle.

Pusimos entre las dos camas un biombo de separación. Aquella noche presencié su muerte. Nunca se me olvidará el ruido estertor de su respiración producido por las flemas que le ahogaban. Hasta que dejó de respirar. La noche anterior le había ayudado a ir al servicio cargado con todos los tubos, la bolsa de la orina y la barra y el soporte de hierro donde colgaba la botella de suero. El hombre en su estado no sabía lo que hacía, yo le ayudé como pude y avisé a una enfermera para que le atendiera.

—Yo he sío un tío sano toa la vida... y soy joven, ¿sabe usté? Desta no salgo —y no salió.

Murió sorprendido por la muerte. Una muerte súbita e inesperada producida por una cirrosis. Eran las cuatro de la madrugada cuando lo sacaron de la habitación entre sollozos y lamentos de los familiares que acompañaban su agonía. Mi padre en aquellos momentos dormía y yo no me atreví a salir más allá del biombo que separaba nuestra parte del resto de la habitación. Sentí miedo.

> El ser humano todavía no ha sabido comprender el regalo natural o sobrenatural que nos hizo el misterio de la vida.

Nunca había presenciado una muerte tan de cerca. Aquella habitación estaba saturada de sufrimiento y liberación. Las blasfemias de aquel hombre me recordaban mi niñez y aquella casa en el campo, cerca de un arroyo; de ella salían los gritos de un hombre mayor, que siempre con rabia y desesperación blasfemaba contra su supuesto creador: «¡Me cago en Dios!» Me pregunté siempre por qué todos echaban la culpa a Dios de sus desgracias. Y es que, como he dicho en capítulos anteriores, nos enseñaron a andar por un camino errado. Crearon un Dios padre, y, como es normal, en lo bueno y en lo malo Él era el creador y culpable de la felicidad y el sufrimiento. Esto a lo largo de la vida produce crisis insalvables y destrucción del interior. ¡Qué falso concepto de vivir! Así, de esta forma, hay tanto desengaño y tantas crisis del interior que se resquebrajan por falta de fundamentos coherentes. Tanta triste cagada a un ser inventado por la imaginación humana es normal y lo más curioso es que es insultado por aquellos que no creen.

Qué experiencia tan real y auténtica la tuya que concuerda con la mía y la de millones de seres que se han liberado de la farsa, Ramón:

> «Dicen que usted cree en Dios. Yo no: ya le dije que yo soy dios y sé que después de la muerte hay un equilibrio perfecto.
>
> Cristo es la conciencia de la persona. Y en esa conciencia es donde debemos conseguir la fuerza para sobrevivir.
>
> Humanizarnos es racionalizar nuestra propia existencia.
>
> Aceptar nuestra propia vida depende exclusivamente de nosotros mismos.»

Mi padre aceptó su enfermedad sin un insulto a nadie. Él tambien había sabido liberarse, en gran parte, de una educación embustera. La realidad era más impresionante que todos esos cuentos chinos en espera de milagros. Vosotros, mi padre y tú, supisteis encontrar la impresionante realidad en vuestro interior. Los recursos del interior son más fuertes que todas las ideas que están fuera de uno mismo, sólo hay que hacer chispear la mente para que se encienda con todo su esplendor. Ahí están los verdaderos milagros de la vida.

El día 30 de noviembre de 1989, a las cuatro de la tarde, murió mi padre. Yo no estuve a su lado y lo lamenté. Todavía siento rabia y pena por no haber estado presente. Aquella tarde fui a buscar a mis hijos al colegio, mi hermano me avisó por teléfono de que mi padre había fallecido.

¡Qué golpes tan duros produce la muerte! Entiendo, Ramón, que tu familia quisiera retenerte a pesar de tu situación. No es egoísmo, es que la muerte de los seres queridos es terrible. Produce mucho sufrimiento. No hay consuelo para aquellos que como yo no vemos claro que después haya una continuación y se pueda producir el reencuentro con todos los seres queridos. Yo no creo que haya continuación, porque somos como las flores o cualquier otro ser vivo. Cuando se esfuma la forma y la vida, no queda nada, sólo vacío; ésa es, a grosso modo, la profunda realidad que siento porque no he tenido ninguna manifestación de lo contrario. Cuando muere un ser querido es difícil hacerse a la idea, aunque el tiempo cure las heridas y volvamos a rehacer la ilusión y la alegría de seguir viviendo. ¿Por qué todo es así y no de otra forma? Me encantaría creer, a ciencia cierta, que existe algo para mitigar tanto dolor, pero prefiero respirar día a día y hacerme consciente de la eternidad del momento presente. Creer en el misterio es necesario y también creo en él, pero sin dioses determinados, porque nada en profundidad se ha descubierto y nadie podrá erradicar la tendencia humana que le salva de estar aprisionada en los muros infranqueables del materialismo. ¡Cuándo llegará el día que sepamos de dónde venimos y adónde vamos!

Estar alegres y optimistas es difícil en un mundo cerrado a la gratitud.
Cuando no se valora nada, no se agradece nada, es el síntoma precario y deficitario de los seres humanos orgullosos, que no saben que la vida no son ellos mismos y sus estúpidos modelos de comportamiento.

Entonces la educación será distinta, más verdadera y menos apoyada en ideologías de lo probable y no de lo ciertamente demostrado. Por otro lado, pienso que la realidad la conocen unos pocos privilegiados y todos los demás tenemos que esperar el desarrollo de nuevas facultades que nos conecten con el más allá, que todos en lo más profundo intuimos como una realidad. No hay más que ver el sufrimiento humano para conocer que estamos perdidos en un mundo del que desconocemos todo. La enfermedad y el sufrimiento, no sé, pero quizá sean necesarios para construir el puente entre la inconsciencia y la conciencia sensible y para siempre de la sabiduría. Es difícil de comprender, amigo mío.

Todos estos recuerdos sirven para que veas que te entiendo, Ramón. Yo soy capaz de empatizar con el sufrimiento y razonar, aunque es el corazón el que entiende para compartir tus sentimientos y darle un significado a la acción de acabar con tu vida para encontrarte con el más allá y la libertad. No soy uno de esos pedantes que se tiran un farol. Ni un escritor que quiere rellenar páginas a lo tonto. No. ¡Dios me libre! Este libro, en parte, es un diálogo contigo, para dar la razón a la muerte digna. Para que aquellos que la piden por imperiosa necesidad, encuentren alivio a sus sufrimientos.

Cada ser humano es dueño de su vida y de su libertad. ¿Qué hombre, por muy importante que sea, tiene el derecho de impedir la liberación del dolor? Sé que de este tema hay mucho que hablar y razonar para crear un marco legal que permita acabar con la vida, cuando es voluntad del enfermo morir.

«Joni, los técnicos en psiquiatría, psicología, teología y otras logías mienten sobre muchas cosas, o por lo menos adoptan la actitud pedante y vanidosa de aparentar conocer más de lo que verdaderamente conocen.

Quiero que entiendas que no soy una persona depresiva, desesperada o frustrada. Pero tampoco quiero ponerme una barrera psicológica que me impida ver la realidad de mi circunstancia. Ya soy mayor y sé juzgar cuál es el sentido y valor de la vida y mi relación con un proceso cultural, sociológico y personal.»

Dolor depresivo

Muchas veces, en mi profundo y devastador dolor depresivo, he querido morir sin tener en cuenta todo mi entorno familiar y social. Cuando no encontraba ninguna salida a todos mis problemas sentía que tenía que destruirme como una solución definitiva al sufrimiento. Esta inclinación surgía como un impulso del interior que se niega a vivir por la frustración profunda de todo aquello que entorpecía mi crecimiento programado por la evolución y por todas las expectativas creadas en mi imaginación. (Eso pienso yo, porque las cosas pueden ser de mil formas.) La satisfacción de todo ser vivo es su desarrollo y si eso no llega a producirse, sobre todo en el ser humano consciente, ruge el interior y se levantan las terribles tempestades emocionales que nos hunden para hacernos reaccionar o para no volver a salir jamás de sus abismos. Yo quise morir multitud de veces por el dolor que me causaban mis terribles frustraciones. Mi cuerpo funcionaba bien, siempre funcionó perfectamente. Mi salud de siempre fue de hierro, pero por dentro estaba fragmentado por la ignorancia. Un cerebro que alberga una mente distorsionada por la complejidad es como un cuerpo inválido. Como padecer tetraplejía interior. No soportaba verme estancado cuando mi potencial lo sentía

> El poder personal no es otra cosa que la capacidad para disolver todos los pensamientos y sentimientos que nos entristecen y condicionan para estar alegres y disfrutar de la vida.

inmenso. Mientras que mis semejantes avanzaban consiguiendo todos o casi todos sus objetivos, yo me iba rezagando por culpa de mi desorden emocional y de pensamiento; por falta de control y dominio interior. (Con el tiempo fui consciente de que esta apreciación era falsa. El erróneo concepto de vivir la vida como una carrera de obstáculos distorsionó la realidad dentro de mí. Fue la educación y el sistema de vida lo que me indujo a creer en mentiras destructivas.) Mis continuos choques con la sociedad

> El suicidio en multitud de casos es la única salida y la liberación de la desesperanza. Cuando nuestro ser no encuentra soluciones a la locura de vivir, se autoaniquila. La deshumanización trae consigo la rotura de la vida interior y los lazos de trascendencia que todos los seres humanos heredamos.

técnicamente lógica, burocratizada en todos los términos, el egoísmo terrible, la farsa... me atraparon la atención para no ver más allá del negativismo que emanaba y me sumía muy a menudo en lamentables estados de desesperanza, sobre todo por no conseguir mínimamente trabajo para vivir. O que mis proyectos vieran la luz, porque yo, a pesar de ser un triste humano, desbordé creatividad por los cuatro costados, pero mis iniciativas no salieron bien, porque, entre otras cosas, la ignorancia, mi falta de visión, mi ingenuidad..., tantos aspectos personales, no contribuyeron en nada a provocar un punto de suerte que tejiera una línea y después un plano donde asentar mi vida profesional.

Ignoraba mucho de mí mismo y de la vida de los seres humanos. Ignoraba las reglas del juego que hay que aprender y cumplir para llegar a esa hipotética meta del éxito. Pero, repito, yo era muy burro; aunque hubiera aprendido a jugar, nunca habría sido un buen jugador, y profundamente pienso que no aprendí las reglas porque me sentí incapaz de jugar al tejemaneje de los seres humanos y me propuse caminar por otros senderos menos complicados y peligrosos para el equilibrio. Pero por ahí no se gana nada ni hay éxitos ni fracasos. Es una dimensión distinta, quizá ilógica, pero precisa, tranquila y sobre todo muy tendente a evolucionar en equilibrio y en paz. Esos caminos donde no hay intereses no interesan. Estaba confundido, Ramón; tenía que vivir de todas todas la vida práctica y real de los seres humanos enloquecidos, y por ahí mi cerebro y todo mi ser se negaban a entrar y me producían tensiones y descalabros. Títulos, especializaciones, masters, inglés..., todo eso era necesario para empezar a entrar en la terrible competencia, y yo no había nacido para eso. ¡Yo ni nadie, joder! Porque era una imposición del sistema socio-económico incongruente. Sentía que no iba a ninguna parte. Una sensación devastadora de pérdida de tiempo y de sentido me invadía y, sin embargo, todos irremediablemente tendríamos que entrar por el aro. Me negué a entrar, y eso produce tensiones y enloquece, porque es estar en otra dimensión. Una dimensión que detesta el ser humano de estos tiempos, y es, sencillamente, ser natural, vibrar con la naturaleza y la vida preciosa y enriquecedora de millones de años de existencia, vivir con la paz... Había descubierto que incluso la paz molestaba al ritmo enloquecedor de estos tiempos. Los cerebros se habían adaptado al estrés y las prisas, y hablar de paz interior me parecía que para ellos era cosa de locos. La paz ya no se la podía reconocer en el interior. Algo natural dentro de mí se revolvía contra el imperio insensible de la era industrializada y tecnológica. El ritmo enloquecedor de los tiempos. Me producía tensiones de muerte, porque yo era un hombre de emociones vivas, no podía con el frío raciocinio del mal llamado progreso. Pensaba que tenía que ser tremendamente artificial para adaptarme al medio y eso no entraba en mi cabeza. Tenía que amar mucho para producir el milagro de mi autosacrificio y adaptarme por mis hijos y mi familia a la incongruente vida falsa y artificial para ganar la felicidad mía y de los demás. Ése era el único camino que podría hacerme reaccionar. En mi lucha por despojarme de mí mismo, entre toda la torpeza, encontré una razón poderosa para vivir en el sistema. Más que una razón, eran sentimientos. Entendí que tenía que humanizarme. Tanta lucha conmigo y contra mí mismo me había deteriorado por dentro y empecé a desarrollar la emoción más importante que tenemos los seres

> El equilibrio mental es la mayor riqueza que posee el ser humano. Lo más importante es aprender a vivir comprendiendo que nada se hace ni nada se salva si no es por la paz y el equilibrio interior.

humanos: el AMOR. Ésa era la frontera entre una vida y otra, una zona neutral por la que luchar para no caer en la vil manía de estos tiempos enloquecidos. Pero me costaba mucho poner en acción el noble sentimiento de amar de verdad, de sacrificarme por aquello que merecía la pena en la vida. Declaradamente, estaba invadido por el egoísmo; mediocres emociones como arenas movedizas sin base firme por donde no podía andar. Amar suponía nacer a la alegría y al sentido de vivir. Empezar a andar con base firme y sanar, porque me consideraba, además, un paralítico. ¡Qué horroroso! Caminar y caer al ser consciente de la realidad del infierno generado por los comportamientos humanos. Me hundía de nuevo en el lamentable estado depresivo. Me deshumanizaba de nuevo. Mi espíritu de sacrificio por amor no existía. El vacío y el hastío me quemaban. Comprendí

Siempre me pregunto por qué el ser humano, aunque sea inconscientemente, está unido a la esperanza de una libertad total, como si supiera de dónde viene y hacia dónde tiene que ir. La desesperanza lo inunda cuando rompe con ese hilo por causa del límite de lo inhumano.

cómo era el infierno. Otro infierno semejante al tuyo, donde el corazón se seca y se hace inservible. Descubrir el mundo me partía el corazón. ¿Qué hacer entonces para dar una solución a mi terrible problema de amor, frustración e inadaptación a este mundo cafre y falso de los seres humanos? ¿Cómo encontrar una salida mental para poder ver todos los aspectos de la vida y encontrar un remanso para poder evolucionar en paz sin tantas contrariedades? Trabajar en paz fue siempre mi objetivo imposible. Ganarme la vida en paz. Trabajar como un burro pero en paz, ¡por Dios! La solución era el AMOR y pasar de todo lo horrible. Pero no me convencía del todo. No sentía amor porque permanecía en mi infierno deshumanizado, en mi ceguera... No había salida y lo mejor era morir de una vez por todas para liberarme de la pesadumbre incómoda de esta vida y de todas mis incapacidades frustrantes. La falta de amor me trastornaba. ¡Cómo era posible haber caído tan bajo! Necesitaba amar o encontrar una salida: mi libertad total, liberarme de este mundo que no sentía ni entendía. ¡Qué egoísmo el mío! ¿Verdad? ¡Qué falta de amor por mis hijos, mi mujer y mi familia entera! ¿Qué nombre tenía aquella desconexión emocional con mis seres queridos y con la vida en general? Se llamaba deshumanización, cansancio de vivir sin sentido; se llamaba depresión y ella era la señal inequívoca del cuerpo para alertarme de que algo marchaba muy mal. De que algo o todo tenía que cambiar para volver de nuevo a la línea recta del equilibrio, fuente de alegría y ansias de vivir. ¿Qué pasó a lo largo de mi vida para quebrarme por dentro? ¿Qué captaron mis sentidos para perder los sentimientos? ¿Qué cosas tenía que cambiar para conseguir la rectitud del equilibrio? Para amar tenía que transformarme lentamente y necesitaba tiempo, y el tiempo se me echaba encima irremediablemente. Mis oportunidades con la edad se esfumaban y mi interior como mi cuerpo se iban arrugando, para pasar a un estado lamentable por no haber sabido utilizarme en la sabiduría. Mi falta de esperanza me hundía. Porque la depresión es un estado de desesperanza muy grande. Es una dimensión mental que inhabilita para sentir alegría y felicidad. Las capacidades mentales se ven mermadas, es como una parálisis del interior, y te invaden todos los males contrarios a la actividad y la diligencia. El hastío, la pereza, la desidia, el desamor... irrumpen con fuerza para destrozar al individuo. Nada tiene sentido. Todo el mundo es absurdo y la vida no es más que una mala pasada que nos ha gastado el destino. O vete a saber qué sádica divinidad creó este mare mágnun del terrible dolor. En esas condiciones el deseo profundo es desaparecer del mapa. Acabar con la angustiosa existencia, aparentemente sin sentido. Si tú no padeciste la depresión, no sabes realmente de este hondo pesar. Pero creo que el sufrimiento de tu invalidez era la profunda tristeza que se manifestaba como una protesta física inconformista que empezaba a buscar con ansias otro equilibrio. Porque la vida tiende a la armonía y la felicidad y, si estos aspectos no se manifiestan, se produce tristeza como repulsa del caos y la locura de las circunstancias que no se pueden asimilar con normalidad. ¿Por qué si no fue posible tanta necesidad de expresar tu desacuerdo? Desde tu sufrimiento viste la vida manejada por los hombres a su antojo y el sufrimiento de tantos seres inocentes que malviven a causa de los ciegos, ineptos e insensibles inhumanos.

«*Mi incapacidad física me causa un sufrimiento del que no puedo liberarme. Eso me causa una humillación que mi concepto de la dignidad no admite. ¿Quién me causa esta humillación? La vida, la circunstancia...*

En un informe que pidió el Ministerio de Asuntos Sociales a no sé qué consejeros, o autoridades, sobre el tema de la eutanasia, el portavoz de dicho consejo dijo que no se puede saber cuándo un sufrimiento es o no soportable. ¿Cómo pueden juzgar entonces?»

«*Pienso que todo fenómeno tiene una génesis muy simple: cuando el animal racional (humano) descubrió la forma de dominar a todas las demás especies incluyó en ese dominio a sus propios hijos, los esclavizó. Fue expulsando a los que iban sobrando —el mito de Caín—. Hoy son tantos los hijos expulsados de todos sus paraísos... Tantos son los que sobran para mano de obra barata... Siervos que se han convertido en la plaga de la explosión demográfica, la superpoblación. Son los parias de todo el universo. Parece que no son hijos de nadie, ni tan siquiera de Dios. Son los miserables que reivindican la tierra de la que fueron expulsados por sus padres. Y las religiones los entretienen con la promesa de que hallarán la justicia a todas sus humillaciones después de la muerte...*».

«*Cuando los razonamientos de los ineptos no nos convenzan, que prevalezca nuestra voluntad de abandonar la vida para curar nuestro sufrimiento. Ésta es la verdadera forma de mostrarles amor y respeto a la vida y al ser humano. Sin pedir nada a cambio. Así nos ama el sol, la tierra, la mar, el agua y el aire. En nombre de su Dios.»*

El dolor que produce la tristeza, la depresión, no lo entienden aquellos que viven en la dimensión estéril, y se lo toman a broma pensando que somos seres debiluchos y cobardes. Tampoco entienden que exista tanta gente que se suicida, porque no pueden soportar la angustia de vivir en el infierno de su derrumbe interior, poniéndose al borde de la locura. Este mundo hasta ahora ha sido construido por la maldad y la falta de conciencia, y en él estamos pagando justos por pecadores.

Sufrimiento y liberación

Cada día encuentro que soy semejante a un niño que está naciendo con dolor.

Al nacer todos los seres humanos lloran y si no lloran quiere decir que están muertos. El dolor existe incluso antes que la conciencia. Perros, gatos, vacas, caballos... nacen en silencio, a lo sumo emiten un leve sonido para advertir a la madre que han nacido en buen estado de salud. Dicen que el sufrimiento del parto humano obedece a la desproporcionada dimensión de la cabeza, está claro que se trata de una mentira patética. Los caballos y los ele-

fantes también nacen con cabezas enormes y sin embargo su aterrizaje es indoloro. En el momento del parto las mujeres chillan a pleno pulmón, las gatas en cambio ronronean. De aquí nace el abismo que nos hace infelices.

(Susanna Tamaro.)

El sufrimiento parece que es necesario e irremediable para la evolución del ser humano. Somos desde luego diferentes, no hay más que ver a cualquier animal en su tierna infancia y vernos a nosotros de niños: somos ruidosos y llorones, mientras que los demás animales no dan muestras de tanto dolor, y es que realmente nuestra existencia es compleja y extraordinariamente difícil de entender.

Mi vida cambió en los últimos años. Me costó mucho esfuerzo comprender las causas que producían mi derrumbe y ahora soy capaz de utilizar ese potencial creador que antes parecía inalcanzable. El sufrimiento despierta la conciencia y se generan nuevas capacidades que nos permiten analizar con objetividad nuestro interior y la vida. Pero es duro, Ramón, tú lo sabes; por eso la existencia de los seres humanos es distinta a la de los demás animales, porque, aunque no estemos en situaciones límite, sufrimos por estar depiertos y aquellos que sepan canalizar y sentir el sufrimiento podrán empatizar con el propio sufrimiento ajeno. Pero yo prefiero la alegría y la felicidad, porque en ese estado se viven todas las potencialidades. ¡Ya está bien de tanto sufrimiento! Porque desde que nací, aunque todas mis circunstancias han sido favorables, sufro sin remedio. Mi objetivo es la liberación, como el de cualquier persona que quiere alcanzar la alegría y la felicidad. Me falta mucho todavía para llenarme de alegría, y es que es una tarea muy difícil cambiar el rumbo del interior cuando éste siempre estuvo sometido a las malas influencias del pensamiento desordenado.

Tú estabas convencido de que tenías que salir del martirio de tu vida para conseguir el equilibrio, ese otro estado que desconocemos pero que es la liberación. Yo también lo estoy buscando con ganas desde hace ya mucho tiempo, porque sé que de esa forma podré comprender y ayudar a los que sufren.

Es bueno sufrir para tomar conciencia del sufrimiento de los demás, pero hay otras formas para saber del sufrimiento ajeno sin llegar a los extremos. Ahora estoy convencido de que hay que encontrar el equilibrio en todos los aspectos de la vida y *estoy practicando la eutanasia a los fantasmas enfermos de mi mente*. Estoy trascendiendo y viendo que no hay nada como ser un humano libre de arquetipos estereotipados. No he sido violento con todo el entramado de ideas obsesivas, buenamente he ido disipando lentamente mis obsesiones y percibiendo y desentrañando mi complejidad hereditaria y educativa. Tenía mucho miedo a morir por dentro y convertirme en un ser inhumano al separarme de tanta moralidad insana, tanta culpa y tanto pecado, pero no ha pasado nada, mis sentimientos nobles y mis razonamientos han hallado una realidad distinta y más esplendorosa basada en la impactante concepción de la existencia.

La eutanasia mental es trascendencia, muchos me acusarían de ser incongruente y un fracasado, merecedor del castigo eterno. Los maestros necios, como tú dices, Ramón, se llevarían las manos a la cabeza si supieran de la escabechina que estoy llevando a cabo para limpiarme definitivamente de tanta información engañosa como ha impregnado mi cabeza. Me excomulgarían al instante. Ellos han inventado el infierno y existe sin duda, porque es la privación de toda la libertad personal por la enajenación ideológica. Jesús vino a salvar al ser humano de la trampa de su propia decadencia interesada e imaginativa y todavía no se han enterado.

Libertad significa volar muy alto y todos los seres vivos, y con más fuerza el hombre y la mujer, quieren salir disparados más allá de esta tierra y de la muerte. Al principio de los tiempos los seres vivos evolucionaron para conquistar la tierra y el cielo; ahora y a estas alturas de la evolución se imponen nuevos retos y éstos están dentro, en el interior de los seres humanos. El tesoro más grande que salva al mundo entero y lo dispara a la eternidad es el AMOR. Indiscutiblemente es la emoción más poderosa que existe en el mundo. Por encima del dinero y toda imaginación disparatada.

En los momentos de extrema tristeza siempre me he conformado con la paz de la nada, porque es pasar de la conciencia de existir a la inconsciencia total. Si en vida hemos sido capaces de percibir y sentir algo, después todo se acaba y formamos parte del silencio inerte de toda la existencia. Volvemos a desintegrarnos materialmente, pero a mí siempre me queda la duda, y esa duda estructura el argumento de mi vida. Es mi fe en un proceso muy complicado que no podemos entender y que puede darnos la satisfacción que esperamos encontrar: el sentido como consecuencia de la existencia. Creo firmemente que todo en la vida es un encadenado de CAUSAS Y EFECTOS, ésa es mi creencia. La vida es el efecto de una causa y a la vez ella es la causa de un efecto. No se puede romper la ley de la relatividad. ¿Qué efecto se produce cuando morimos? ¿Y las distintas energías que han confluido para dar vida a la materia? ¿Nada queda de nuestra conciencia de existir en esas energías? Esas energías son nuestras y tienen que ir a alguna parte, no pueden desaparecer así como por encanto, porque la energía nunca se destruye, se transforma. Mi ignorancia es muy grande, quisiera saber y no tengo más remedio que intuir y conocer todo aquello que está al alcance de mi modesta inteligencia.

No quiero desviarme del dolor como causa para comprender los treinta años que pasaste en el infierno, como tú lo llamas, y tu deseo profundo de morir para acabar de una vez por todas con el sufrimiento. Treinta años sin mover un dedo. Todo tu cuerpo inmóvil pegado a una cabeza lúcida, luchadora, metódica...

«Me despierto a las ocho y media de la mañana. Escucho noticias o música hasta las nueve y media o diez. Desayuno, y luego tengo unas horas determina-

das para leer, escribir lo que se me ocurra. Mientras me van cambiando de postura cada tres horas (más o menos) voy observando lo que las autoridades se inventan para que los pueblos y las masas miren hacia donde ellos quieren. La comedia, el drama o el melodrama, resulta aterrador. Los seres humanos están dispuestos a creerse los resultados del malvado propósito de anular su voluntad y su espíritu crítico. Por ejemplo, me parece tremendo que los chicos digan: "Paso". Se hagan "pasotas". Me suena como una consigna de muerte. Otra de las consignas malvadas que andan por ahí sueltas es la de que a las masas hay que darles lo que quieren ver y oír a través de los medios de comunicación. El fin es entretenernos. Luego, ya vendrán los pícaros a ofrecernos sus protectoras religiones, con todo tipo de sectas y dioses diversos. Los que deberían enseñarnos, desde que nacemos, el sentido crítico. Deberían explicarnos la teoría del origen de la vida y la evolución de las especies. Seríamos mejores creyentes. Seríamos más humildes y bastante más humanos. No soy ningún experto, pero creo que la etapa evolutiva del ser humano como creyente tiene que dar el paso hacia una razón crítica, pura y científica que supere toda superstición. Entre ellas, la del tabú y terror a su mortalidad. La razón crítica y pura será la próxima religión, eso que llaman la ciencia con conciencia. Y para conseguirlo tenéis que empezar desde ahora mismo a prepararos.»

¿Cómo es posible que, con tantas inquietudes y capacidad de análisis, quisieras irte del mundo consciente y traspasar la muerte incierta? Perdona. Te entiendo, porque sé cuánto dolor se agrupaba en tu vida. No quiero ir en contra ni lo más mínimo de la pureza de tu decisión. ¿Cuánto sufrimiento se agolpaba en tu costado, Ramón, para tomar ese camino? Mucho, y un intenso resquemor hacia aquellos que te privaron de la opción que habías elegido. Fuiste un quijote que sacrificó su vida para favorecer la creación de leyes que ofrecieran la seguridad de una muerte digna a millones de enfermos terminales o en circunstancias parecidas a la tuya.

La última parte de tu libro es escalofriante, no pude reprimir mis lágrimas cuando tu sobrina Rosita tosía y se ahogaba y tú, impotente, no podías ayudarla ni lo más mínimo. O cuando tu madre se cayó en el suelo desmayada y no había nadie allí para socorrerla. Son momentos donde tu ser se rebelaba con rabia por no poder hacer nada y el sufrimiento te quemaba el alma, Ramón. ¿Cómo es posible que aguantaras tanto tiempo en ese estado, amigo mío? ¿Cómo es posible que las autoridades fueran tan burras y no consideraran tu caso legítimo?

«He visto y sentido las llamas del infierno cuando a Rosita, la más pequeña de mis queridas sobrinas —entonces tenía tres meses—, la dejaron sola conmigo. Manuela, mi cuñada, la persona que me hace más llevadera esta vida que no acepto vivir, me dijo

que si la niña lloraba lo único que debía hacer era hablarle un poco. La niña rompió a llorar y yo le hablaba, le hablaba, y cuanto más cosas le decía ella lloraba más. Luego empezó a toser; yo noté cómo se atragantaba y, ante la imposibilidad de calmarla con mis palabras, creí más prudente callarme. Me aterrorizaba la posibilidad de que se asfixiara, y yo tumbado en mi cama sin poder hacer nada; siempre recordaré aquel día como la culminación de la impotencia. Igual que aquella tarde que mi madre —murió de pena por lo que a mí me había ocurrido, pero los médicos le diagnosticaron un cáncer— se cayó en medio del pasillo. Estábamos solos también. Ella se había desmayado y yo, a dos pasos de ella, no podía ayudarla. Pensé en su muerte y se me repitió la imagen de mi cabeza unida al lastre de un cuerpo muerto, lo único que funcionaba.»

En la vida, incluso disfrutando de buena salud, tú sabes que se siente impotencia cuando un ser querido quiere morirse para liberarse de todo el sufrimiento. De niño vi muchas veces llorar a mi madre angustiada repitiendo continuamente que se quería morir porque no aguantaba aquella vida de necesidades. Cargada con cuatro hijos y en la pobreza repetía llena de amargura que se quería morir. Yo era un niño todavía, el mayor de los cuatro hermanos. Aquellas palabras de dolor herían mi corazón y me sentía impotente por no poder hacer nada. Un día desapareció y mis tres hermanos y yo estuvimos buscándola por todos los sitios. Gritábamos de angustia al no encontrarla, y por fin apareció llorando. Se había escondido en un lugar de la casa donde teníamos una docena de patos. Allí estuvo todo el tiempo llorando su angustia. Y yo sin poder hacer nada por liberarla del sufrimiento. El propio sufrimiento se puede consolar, pero cuando no puedes hacer nada por los seres que amas, estalla por dentro la locura. ¡Dios, qué pena! ¡Cómo escuecen las entrañas cuando las lágrimas surcan el rostro de nuestros seres amados, como una muestra evidente del indescriptible sufrimiento profundo!

El sufrimiento por la erosión del amor

Ahora sigo acompañado de la misma tristeza y angustia de vivir. Mi mujer llora de dolor. Es un ser humano admirable y temo que enferme. Ama mucho y su corazón se está partiendo a pedazos por la vida cruel. Me siento culpable de tanto dolor, e impotente para ayudarla a salir de la trampa que la oprime. Trabaja mucho, mientras yo, ingenuamente, quiero relevarla, ganar un poco más con un trabajo estable. Pero soy débil, muy parado por todas las circunstancias de mi vida. Soy torpe y muy limitado, y por mi edad dudo que a estas alturas las cosas me salgan bien. Tengo cuarenta y seis años y esta mierda de sociedad ya no me acepta. Para ellos soy un viejo, y si no tienes medios, influencias, títulos, suerte u otras leches... ¡pues lo llevo claro! ¡Maldita sea esta vida tan perra y materialista!

¡Injusta por los cuatro costados! Ahora me encuentro en el infierno de la desilusión y, aunque soy consciente del equilibrio y de mi orden mental y de concentración para atenuar este momento, sufro por el indescifrable sufrimiento de ella.

Mi cabeza en estos momentos no deja de dar vueltas a distintas soluciones. La más razonable para liberarla de la tensión terrible de su estado de ánimo parece ser que es la ruptura. Quizá liberándose de mí sea más feliz y me dan ganas de huir muy lejos e incluso desaparecer. Apearme del mundo porque, si te digo la verdad, Ramón, ¡estoy harto de vivir! ¡Harto de no comprender en profundidad nada! Porque cuanto más analizo, más me pierdo en la complejidad de la existencia. Muchas veces no entiendo si soy culpable o son ellos los culpables. Si soy yo o ella la culpable de tanto dolor. La culpa siempre como un motivo de sufrimiento. Lo hice muy mal y prefiero pensar que soy el único culpable por mi falta de iniciativa y debilidad para enfrentarme a los problemas con valor y energías. Prefiero pensar así a acusar como un energúmeno, pues siempre surgen resentimientos y otras emociones bajas que nos inducen a la violencia. Yo estoy hecho de la misma pasta humana e inhumana y a los ataques respondo con saña. Menos mal que vivo en la conciencia de la no violencia y me ayuda a reflexionar que lo mejor para no hacer ningún daño es vivir consciente en los pensamientos y las emociones nobles. ¿Por qué te crees que creo tanto en el AMOR ahora, como una emoción que nos salva? Porque sé que es lo único que nos da salud y respuestas a tanta inútil carrera de violencia. Hoy día la sociedad por momentos enloquece de ira y odio y tenemos que dar otro tipo de respuestas que no sean la humillación y desolación dramática del odio y sus terribles consecuencias.

Yo soy víctima del desamor y estoy pagando con creces toda mi inconsciencia y mala suerte, si se puede llamar así. ¡Estoy en el infierno y no sé cómo salir de él! ¡Qué terrible es no poder hacer nada por el ser amado que sufre! Y así estoy, intentando saber cómo hacerlo mejor y que la vida me ayude sólo un poquitín, no pido mucho, en la ardua tarea de alegrar la vida a los demás.

Muchas veces pienso en quitarme de en medio porque me hundo en el sufrimiento de la depresión, pero no tengo valor para hacer nada de eso, porque estoy lleno de vida y mi futuro y el futuro de mi familia cambiará y será alentador. Tengo que ser optimista, porque de lo contrario caería en el pozo oscuro donde permanecí tanto tiempo. Y ahí en ese estado se llama a la muerte con mucha frecuencia. No sería lo más acertado. Yo no he llegado al extremo de padecer tanto como tú, Ramón, porque mi sufrimiento comparado con el tuyo debe ser como un pequeño lago comparado con el océano. En mi caso, la vida puede dar muchas vueltas y teniendo salud y ganas de trabajar pueden salir las cosas mejor de lo que se espera.

En estos momentos de incertidumbre quisiera morir, porque estoy confuso y no sé cómo hacer para salir de la situación donde me encuentro. Sé que dentro de un tiempo todo volverá otra vez a su cauce, pero mientras tanto estoy sumido en la desgracia. No puedo soportar el enorme peso de la desdicha sin remedio.

Todo pasará. Las parejas se separan y sé que es una de las experiencias más traumáticas, amargas y penosas que pueden sufrir los seres humanos, pero la solución a muchos males y sufrimientos. Mientras dura, es un túnel de agonía de donde se necesita salir para respirar un nuevo equilibrio.

Todo en la vida es lo mismo: la eterna búsqueda del equilibrio. Cuando los enamorados se unen por amor todos consideran su unión como un paso esencial para lograr el bienestar. Es fundamental en toda pareja la perspectiva de la felicidad, si no nadie daría ese paso. La búqueda de la felicidad es la liberación del sufrimiento, un sentido muy importante en nuestras vidas, pero en muchos casos la frustración, el resentimiento y la infelicidad se convierten en causas que generan infiernos y la dicha de la unión cae en la abrumadora y dolorosa decisión de romper para terminar definitivamente con el dolor profundo y desdichado.

No se puede estar mucho tiempo con un dolor constante, sacando a flote lo peor de cada uno: la incomprensión y la desdicha que impiden toda intimidad y el poder compartir todo lo que en el transcurso de la vida va surgiendo. Cuando la confianza, la aprobación, la protección, el apoyo, la alegría y la amistad no existen en la pareja, es síntoma de una grave enfermedad y hay que tomar una decisión final para poner remedio a la relación desgraciada. La separación es como la "muerte dulce" del matrimonio enfermo, para retornar a otro estado de felicidad y libertad más digno.

Romper una unión donde el amor creció, habitó y murió es una prueba angustiante, un enorme reto, una decisión difícil pero necesaria cuando se padece el trauma insalvable de la falta de entendimiento por la carencia de amor.

Los seres humanos necesitamos dar y recibir amor, en este sentimiento opera la ley de la entrega. Si esta ley la quebrantamos, nuestras relaciones con los demás se mueren sin remedio. Porque el amor es una energía que necesita estar circulando constantemente como la sangre: si ésta deja de circular, inevitablemente se coagula y el individuo muere.

Todo cuanto existe opera por el intercambio dinámico. Nada está quieto. Nuestro cuerpo y nuestra mente están en continuo intercambio. El fluir de la vida ejerce una acción recíproca armoniosa entre todos los elementos y fuerzas de la existencia.

El amor es como una semilla que no debemos guardar, ésta debe ser entregada porque todo lo que se da se recibe. Si interrumpimos ese flujo obstaculizamos la inteligencia de la naturaleza, que es el flujo de energía que nos llega, y enfermamos. Entonces el amor no se manifiesta y se apoderan de nosotros las bajas emociones y el desamor.

La intención crea felicidad para el que da y el que recibe, pues la felicidad apoya y sustenta la vida y genera abundancia. El acto de entrega cuando se es alegre multiplica la energía por un factor muy elevado. Si quieres tener alegría, entrega alegría. Si quieres tener amor, aprende a amar. En realidad, la manera más fácil de recibir lo que se desea es ayudar a los demás a recibir lo que desean. Si se quiere recibir la bendición de las cosas buenas de la vida, deseemos calladamente lo mejor para los demás.

El mismo pensamiento de entregar o de bendecir tiene el poder de afectar a los demás. Nuestra conciencia está viva en forma de pensamientos y el pensamiento tiene el poder de transformar.

La conciencia se expresa en un intercambio dinámico. Cuando aprendemos a entregar aquello que buscamos palpita la vida. La naturaleza apoya todas las necesidades y todos los deseos. Si buscamos primeramente el bien de los demás, éste llegará espontáneamente a nosotros.

«LA LEY DE LA ENTREGA»

«El universo opera por el intercambio. Dar y recibir son aspectos diferentes del flujo de energías en el universo.

Y con nuestra disposición para dar aquello que buscamos, hacemos que la abundancia del universo siga circulando en nuestras vidas.»

(Deepak Chopra.)

Yo soy un vivo ejemplo del fracaso en el amor porque por causa de mi ignorancia no cumplí esta ley, y ahora padezco la terrible enfermedad del desamor. Mi sangre dejó de circular y ahora está estancada y putrefacta esperando una renovación de nueva sangre que haga brotar de nuevo el flujo de la vida.

No supe amar profundamente y como consecuencia dejó de fluir la abundancia sana y armoniosa que la naturaleza se encarga de renovar continuamente cuando nuestra conciencia está en continuo movimiento generando felicidad.

He recogido lo que sembré y he sido tragado por el torbellino de las emociones negativas. Cuando no nos entregamos libre y espontáneamente se pone en marcha una danza macabra y espectacular que nos arrastra al sufrimiento. Los pensamientos maldicen creando poderosas sugestiones negativas. Son informaciones que están vivas y generan tensiones y angustias indescriptibles que nos llevan a la enfermedad. Ésta es mi experiencia de la que quiero salir cuanto antes para el bien de mi familia y el mío propio.

No me importa expresar sinceramente mi fracaso para que sirva de lección a todos aquellos que por suerte viven dentro del flujo maravilloso del amor. Para que sepan conservarlo y lo aumenten con la ley de la entrega, que opera en toda la naturaleza con fuerza y abundancia.

Cuidad vuestros pensamientos y emociones porque de vuestra conciencia depende la armonía y la felicidad de vuestras vidas. No desatendáis el amor y clarificad todo con el diálogo sereno. La unión entre el hombre y la mujer enamorados es un milagro de la vida, es como encontrar un campo fértil donde puede crecer la alegría y la felicidad, y los impulsos divinos que los seres humanos llevamos dentro se manifestarán con fuerza. Pero si ignoramos mucho y no entregamos amor, caeremos irremediablemente en las bajas pasiones que esperan siempre despertar para acaparar con violencia nuestras vidas. Entonces empezamos un proceso lento de agonía para desembocar en la desconfianza y el rencor.

Entre el amor y el odio sólo hay un paso. Son dos caminos bien definidos que se alimentan con distintas emociones. Las emociones negativas están acechando para destruir la bondad y siempre por la ignorancia y exceso de egoísmo. En esos estados la soberbia y la prepotencia no soportan la verdad de nuestros actos y se produce la rotura del endeble equilibrio de la bestia violenta que llevamos dentro. Todos somos en el fondo violentos y lo manifestamos como una defensa nociva, en multitud de casos, porque no soportamos vernos en la humillación de nuestros continuos errores. No aceptamos nuestros errores ni la pérdida del paraíso de las buenas relaciones.

El amor puede durar toda la vida si se enriquece de conocimiento. Observad cómo muchas parejas llegan a viejos con amor profundo, porque han sido conscientes de ese campo donde pueden crecer con gratitud todos los valores humanos semejantes a las plantas que embellecen un jardín florido. El riego continuo y diario, la conciencia de vivir enamorado y sentir la necesidad de conocimiento para fortalecer y engrandecer el amor, son las claves para que nada se pierda y dure en el tiempo.

Amigo lector, quizá entiendas que me he salido del tema de la eutanasia. Quizá te pueda causar esa impresión, pero no es cierto, porque sigo en la conciencia del dolor para comprender mejor a todos aquellos que por cualquier circunstancia de la vida sufren y desean de una forma o de otra dejar de padecer el trauma del infierno y morir, encontrando así su liberación.

Mi desamor y mi separación entrañan mucho sufrimiento y necesito expresar, ahora que puedo, lo terrible que es esta enfermedad del interior.

No me extraña que sienta verdaderos deseos de amor como una liberación a tantos años de ignorancia, por estar encerrado en las cuatro paredes de la enfermedad mental más terrible que puede padecer el ser humano: la muerte de uno mismo.

No me extraña nada que me encuentre las puertas cerradas cuando siempre estuvieron abiertas por el amor y yo no supe conectar con esa corriente divina. Las puertas se cierran y desaparecen cuando no reaccionamos ante los impulsos del interior profundo del ser que nos ama. Después nos encotramos con un muro infranqueable, porque ya hemos perdido la oportunidad de tener acceso al bendito mundo emocional que nos estaba entregando la vida del ser que nos amaba. Entonces nos sentimos atrapados en nosotros mismos y en la soledad más terrible. Cuando es imposible conectar ya con el ser amado y éste quiere huir de tu lado, se derrumba la existencia. Sólo queda permanecer en silencio y escuchar la liberación que nos trae el destino. ¿Qué pasará? Y de nuevo la eterna búsqueda de la liberación definitiva: el amor o la muerte. Sin amor nos sentimos vacíos en la soledad terrible de la separación como individuos aislados. Cuando la esencia del amor se rompe y se destruye, la unidad del ser de dos personas entra en una fase de soledad personal de angustia y dolor indescifrables, porque no hay nada como el amor que se comunica desde el centro de la existencia. Los seres que se experimentan a sí mismos desde el amor profundo, producen la experiencia central de la realidad humana más confortable, alegre y feliz. ¡Qué pena siento no haber sido lo suficientemente maduro en mi juventud para comprender todo lo que comprendo ahora! Estaba demasiado confundido y entretenido con mi complejidad mental. ¡He perdido a un ser excepcional por mi ignorancia! ¡Qué horroroso es padecer la vil enfermedad de la ceguera! A todos los ciegos más tarde o más temprano nos toca tropezar para caer en la trampa de nuestra propia complejidad. El sufrimiento que experimentamos con cada experiencia errada nos abre los ojos un poco, para tener la certeza del sentido profundo del amor de aquellos seres nobles que esperan de nosotros lo mejor, porque ellos, entregando amor sincero, esperan lo mismo del centro de nuestra existencia. Y qué frustración y confusión tan grande experimentan cuando se encuentran con un ser aislado que no comunica sus experiencias. Esos ángeles que aman y no reciben las mismas vibraciones del ser amado sienten soledad interior profunda.

La desilusión es terrible porque en lo más profundo de su ser tienen ansias de entrega y felicidad.

Me siento solo y angustiado, Ramón. Cuando siento que soy culpable por no haber sabido cuidar el amor, me entra una angustia de muerte. No aguanto hacer sufrir a nadie. No soporto que nadie sufra por mi culpa y sin embargo he sido tan egoísta, ciego y absurdo que he roto el corazón de mi amor único y verdadero. ¡Qué horror siento al contemplar mi pasado enfermo! ¡Ahora que mi mente es más lúcida, no soporto ver mi pasado inútil, quemado por tantos pensamientos y emociones descontroladas! Mi ignorancia era extrema y estoy pagando por todo ello. Las leyes del amor hacen posible la alegría y la felicidad cuando se mantiene un intercambio dinámico y constante de nuestra energía emocional con toda la energía que nos entrega el ser que nos ama; sólo así, en esa dinámica y cumpliendo la ley de la entrega de amor, se consigue la alegría y la felicidad durante, quizá, toda la vida. Yo he fracasado y ahora arrastro la desgracia y el dolor de una situación que podría haberse evitado con una conciencia clara del amor profundo y verdadero.

(27 de septiembre de 1998.)

CAPÍTULO VII

RELIGIÓN Y EUTANASIA: DOS POSTURAS EXTREMAS

Don Damián era católico apostólico y romano, pero no se oponía a la eutanasia pasiva. En su ideología, una persona con una enfermedad irreversible puede morir sin imponerle medios extraordinarios, porque es parte de la voluntad de Dios. Pero poner fin a la propia vida o ayudar a otra persona a morir no le entraba en la cabeza. Condenaba esta práctica con energía. Su código moral era muy estricto y fiel a los dictados de la Iglesia católica y en especial a la Declaración sobre la Eutanasia definida en el año 1980 en el Vaticano. Decía así:

1) Nadie puede atentar contra la vida de una persona inocente sin oponerse al amor de Dios por esa persona, sin violar un derecho fundamental y, por tanto, sin cometer un crimen de la mayor gravedad.

2) Todo ser humano tiene el deber de vivir de acuerdo con los designios de Dios. La vida se le confía al individuo como un bien que ha de dar sus frutos aquí

en la tierra, pero que alcanzará la perfección únicamente en la vida eterna.

3) Causar intencionadamente la propia muerte, o suicidarse, es por tanto una acción comparable al asesinato, y se considerará como un rechazo a la soberanía y el amor de Dios. Con frecuencia, el suicidio supone tambien el desprecio a sí mismo, la negación del instinto natural por la vida, y el incumplimiento de los deberes de justicia y caridad para con el prójimo, las distintas comunidades o la sociedad en general, aunque, tal como se ha reconocido, a veces existen factores psicológicos que disminuyen, o incluso suprimen por completo, la responsabilidad.

—Sólo Dios puede decidir el momento en que una persona ha de morir. Es una barbaridad quitar del medio a la gente con la eutanasia. El derecho a vivir es fundamental para todos los seres que nacen a la vida. Nadie sino Dios puede quitar la vida. ¿Qué sería entonces de nosotros? ¿Qué pasaría con los ciegos, los mongólicos, los mudos, los minusválidos...? Todos estos seres con enfermedades irreversibles tienen derecho a vivir. ¿Qué pasaría con todos los seres más débiles? ¿Tendríamos el mal sentimiento de quitarlos del medio por ser como son? La eutanasia puede ser un fraude, un engaño y un peligro para los ancianos.

—Yo soy minusválido irreversible, amigo mío. Llevo treinta años en una cama y deseo morir —dijo Ramón—. ¿Usted sabe lo que es el sufrimiento profundo? ¿El infierno que produce el dolor?

—¿Cómo no voy a saber del dolor? Todos los seres sufrimos: unos más y otros menos, pero todos sabemos lo que es el dolor.

—Pero no entiende mi dolor y la necesidad que tengo de liberación. Necesito morir dignamente sin esperar la muerte natural. Yo pido mi libertad. ¿Es eso acaso algo indigno?

—Sí. Lo que pide es indignante y un horror, además de ser una cobardía. El dolor enriquece la vida y si tratamos de evitarlo se pierde algo precioso. Con el dolor se purifica el alma y se consigue la salvación.

—Eso que piensa usted es pura ideología y un insulto a mi persona. Justificar el sufrimiento como un medio de purificación moral sólo se le puede ocurrir a un ser moralmente degenerado por una conciencia culpable. Y quien se siente culpable, o bien es injusto o es idiota. Si sabe que es injusto y no deja de serlo, es un malvado. Y si es idiota, no puede tener autoridad moral, pues seguro que se equivocará.

—Usted, que justifica el dolor como deber moral, o es un idiota o un malvado —dijo Ramón con la firme convicción de treinta años de padecimientos y con la seguridad total y aplastante de un ser que sabe lo que quiere. Es indudable que la jerarquía eclesiástica aborda la eutanasia desde una perspectiva teológica o de academia, pura teoría, y no sabe empatizar con las circunstancias de dolor profundo de los enfermos. Don Damián se sintió ofendido en su fuero interno y arremetió con santo resentimiento fanático, apoyado en la soberbia idea del Dios todopoderoso y tradicional.

—La vida es sagrada y, repito, sólo Dios que la ha creado puede arrancarla. Uno mismo no puede quitarse la vida por muchos dolores y sufrimientos que padezca. La vida hay que vivirla con valentía y en la fe profunda de que Dios consuela a aquel que se lo pide. Fíjese en el santo Job, ¡cuánto sufrimiento tuvo que soportar como prueba de su fidelidad a Dios!

—¿Pero ustedes los creyentes no ruegan a Dios para que les quiten los padecimientos? ¿No dicen: MAS LÍBRANOS DEL MAL? Usted se contradice. No aceptan ningún tipo de mal. Jesús se rebeló contra la injusticia y nos enseñó cómo exterminar el dolor del mundo. Hasta con la muerte, si no hay más remedio, se libera el hombre de la tiranía del dolor.

—Jesús nos liberó del pecado y nos enseñó con su propio dolor a soportar todas las contrariedades de la vida con fortaleza. No se puede aplicar la vida de Jesús a nuestras conveniencias.

—¡Qué pena me da usted! Ustedes son manipuladores de supersticiones. ¿No se da cuenta de que lo que yo quiero es salir del infierno? ¿Que no quiero ser un fiel residente convertido en víctima de su caridad con sus muchos afectos, cariños y mimos, por su interés de ganarse conmigo su cielo? Ustedes llevan el infierno en sus propias mentes, porque hablan desde la ignorancia con mala intención y sin amar al prójimo como a uno mismo. Usted no ama a su prójimo porque no le entiende. Con su estructura mental es incapaz de sintonizar y empatizar con el dolor terrible que siento al sentirme impedido de esta forma. ¿No ve a Jesús en mí? ¿No se conmueve su alma al contemplar mi desdicha? Usted lleva en su cabeza sólo teoría y como un robot actúa automáticamente. Usted no es humano, es una máquina biológica y nada más.

—Diga usted lo que quiera de mí, pero nadie me podrá convencer de que la eutanasia es una amenaza. No hay derecho a pensar en aniquilar la vida y que este derecho sea legalizado.

—Usted va en contra de la liberación para aquellos que la piden. El derecho de morir parte de una verdad: el deseo de no sufrir. La razón ética pone el bien o el mal en cada uno de los actos. Un hijo concebido contra la voluntad de la mujer es un crimen. Una muerte contra la voluntad de la persona, también. Pero un hijo deseado y concebido por amor es, obviamente, un bien. Una muerte deseada para liberarse del dolor irremediable, también. Ustedes siempre han argumentado en contra de matar. ¿Acaso el cristianismo ha practicado de verdad lo que predicaba? Apoyó las guerras justas, autorizó la pena de muerte y aprobó el hecho de matar en defensa propia. Han existido reyes y políticos astutos y malvados que utilizaron la religión como pretexto para hacer la guerra invocando la ayuda de Dios.

—Los seres humanos no somos perfectos. Soy consciente de que se han cometido verdaderas barbaridades de las que hemos pedido perdón públicamente. Todos estamos en un proceso de perfeccionamiento de todos nuestros defectos, para que los seres humanos puedan vivir en un mundo más justo y feliz. Yo tengo que ser en muchos casos extremista, porque es la única forma de poner en práctica la doctrina que nos libera e impulsa hacia la eternidad, que es lo que realmente importa y para lo que hemos venido aquí. Esta vida sólo es una anécdota y un misterio, amigo mío, y si no cumplimos la ley de Dios la convivencia entre los seres humanos se vuelve imposible y lo peor de todo es que después de la muerte nos espera el llanto y crujir de dientes en el infierno. Lo que tú estás pasando no es nada con lo que es el infierno de verdad, donde las almas se queman para siempre.

—¿Cómo es posible que usted crea en la idea del infierno, en algo que es imposible de creer tal como lo ha concebido la imaginación humana, y no pueda entender el verdadero infierno que supone estar sufriendo una enfermedad incurable?

—Jesús habla del infierno y del demonio como algo cierto. Expulsaba los demonios. Fue tentado por el propio Lucifer y él nos reveló la existencia del cielo y el infierno. ¡Cómo es posible que dude de esas palabras divinas!

—Para mí Jesús es un hombre muy respetable.

—¡Jesús no es sólo hombre! ¡Es el hijo de Dios!

—Para usted es el hijo de Dios. Yo no soy tan inteligente y no puedo entender ese misterio, me conformo con sentir a Jesús como un gran místico y un hombre de corazón grande que sintió profundamente el sufrimiento humano y lo manifestó con palabras y hechos. Yo no sé si Jesús sabía perfectamente que existía el infierno y el demonio, pero lo que sí sé es que fue manipulado a través de los tiempos por mentes malévolas que incluso, seguro, se inventaron el infierno para atemorizar y doblegarnos a todos. Cristo enseñó muchas cosas, entre ellas a superar el miedo a la muerte y al dolor, y a no dejarse dominar por las amenazas del poderoso, ya que esos dos temores, no racionalizados ni superados culturalmente, son el arma más eficaz y poderosa que poseen los tiranos de todo tipo para esclavizar al ser humano, con la amenaza de la tortura o de la muerte, si no se quiere someter a su autoridad. A mí no me importa si existe o no el infierno después de la muerte, lo que me importa es que Jesús muriese por rebelarse contra la injusticia y el dolor que los poderosos provocan. Por eso le mataron. Claro que esa explicación tan lógica y humana no encaja en la doctrina ideológica dominante de ningún poder, por eso hay que darle un sentido sobrenatural, como por ejemplo la de presentarlo como el hijo de un dios. El crimen no es matar al hombre sino matar al hijo de la autoridad suprema. Jesús es un místico. Y la muerte tiene sentido si es para exterminar el sufrimiento. Pero cuando el místico es suplantado por el pícaro, se forman las sectas, las religiones. Se corrompe la espiritualidad, la razón pura. De igual modo se corrompe la ciencia cuando el científico es suplantado por el tirano para convertir el conocimiento en armas amenazantes y exterminadoras.

—No es posible pensar así para un creyente. Usted interpreta todo en función de su situación personal. A través de los siglos la Iglesia sigue en pie. ¿Por qué es esto? ¿Acaso todos los cristianos se han dejado corromper a través de tanto tiempo?

—Si desde la infancia se enseña una doctrina, ésta se integra en todas las células del cuerpo. A través de los siglos las mentes de los seres humanos han sido influenciadas por un proceso cultural fruto de la herencia. A través del tiempo hemos heredado una amalgama de verdades y engaños. Las religiones, los estados... para defender sus intereses crearon la delincuencia universal organizada que envenenó la sangre de todos aquellos que creyeron en ellos. Ese veneno, la corrupción moral de los dominadores, hizo creer a sus rebaños que alguien les concedería la felicidad, la salvación y la liberación de sus sufrimientos sin que tengan que luchar por ellos. Es decir, sin el esfuerzo de pensar por ellos mismos, y se dejaron arrastrar siglo tras siglo por la prepotencia injusta e inhumana de la superstición. Si Dios en su concepto más puro es mi conciencia, como ser racional, mi deber no es creer sino conocer. Y mi responsabilidad, como individuo que posee una conciencia ética, me impide utilizar ese conocimiento para dominar a otro ser viviente, esclavizándolo. ¡Levántate y anda! Es una expresión que utilizó Jesús cuando curaba a los paralíticos; además tiene un significado más profundo que quiere decir: ¡Rebélate contra todo dolor, contra toda humillación, contra toda injusticia y tiranía! ¡Piensa y reclama justicia! Cuando alguien se resigna ante la injusticia humillante, ya está muerto. No importa quién sea el responsable de la injusticia; tanto si son los hombres, un mito o la amoralidad de la vida, aquel que no se rebela contra ella ya está muerto. Todo aquel que entrega su conciencia a otra voluntad, acaba siendo su esclavo. Cuando se sufre cualquier injusticia, el fin no es rezar el padre nuestro. La finalidad es evitar el dolor. Yo he sufrido la injusticia de quedar tetrapléjico y necesito liberarme de este sufrimiento personal, porque es mi voluntad salir del infierno, de este infierno que sé que existe porque lo estoy padeciendo en mi propia vida. Ésta es la realidad más profunda, lo demás son teorías. Yo quiero morir y punto: es mi decisión por encima de toda opinión.

—Quizá si tuviera fe se podría producir un milagro. Es posible que su situación personal haya sido una prueba para que Dios pueda demostrarle todo su poder. Pero hay que tener fe ciega y usted no la tiene. Todo lo que sucede en la vida tiene sentido y usted está negándose a dar sentido a su propia enfermedad. ¡Cuántos enfermos se han curado en condiciones quizá más extremas porque han tenido fe!

—Yo no soy un hombre de fe, soy un hombre de realidades. El verdadero milagro está en humanizarnos. Cristo es la conciencia de la persona y en esa conciencia es donde debemos conseguir la fuerza para sobrevivir. Humanizarnos es racionalizar nuestra propia existencia y el milagro es conseguir la fuerza y el convencimiento en mí mismo para liberarme del dolor. No podemos ser racionales para vivir y transformarnos en irracionales cuando el dolor es insoportable o inexplicable. La realidad es que todo tetrapléjico desea la muerte y vencer el miedo a la muerte es el gran milagro. Vencer a ese lugar tenebroso y terrorífico del que nos han hablado. Vencer a la idea del infierno después de la muerte. El milagro de Jesús tiene que producirse en el interior de los seres humanos para que sean más humanos y razonables con sus propios semejantes. Yo no quiero andar ni moverme, ¡quiero morir! ¿Se entera? MORIR A GUSTO. En nombre de Cristo, se podría justificar con más coherencia la eutanasia voluntaria, como una forma de emular al mito, renunciando a la vida para evitar el dolor.

—Es imposible convencerle de nada. Entre usted y yo hay un gran abismo.

—Efectivamente, ésa es una verdad como un templo. Entre usted y yo existen muchos abismos. El primero es que usted está sano y yo soy un pobre enfermo que sufre sin remedio. ¿Cómo puede saber mínimamente lo que estoy sufriendo si su cabeza está llena de teorías y carece de sentimientos? Usted es un cerebro teórico enterrado en imperfecciones e incoherencias. Entre usted y yo existe otro abismo, que es la razón y la creencia. Yo razono sobre la realidad, usted sobre la creencia. La persona que renuncia a la tutela de los dioses, si es verdaderamente coherente, lo hará porque cree en una escala de valores humanamente más justa, generosa, tolerante y responable. Cuando estos principios son verdad, la persona se hace más humilde, se humaniza. Si es mentira, tanto los maestros que explican las intenciones de la voluntad creadora de la vida, como aquellos que la niegan, lo que buscan es el poder y no la justicia. Cuando alguien no se explica a sí mismo, se autoengaña y, más que ascender, desciende en perfección ética y moral. Las religiones tienen una gran parte de responsabilidad en los sufrimientos de la humanidad. Ellas son las más eficaces manipuladoras psicológicas para que el ser humano mantenga su condición de ser eternamente inmaduro. Es absurdo este principio. Un mundo regido por el temor, y no por una conciencia ética respetuosa, sólo crea resentimiento y mentira. La conciencia de un ser humano no puede ser sometida a la voluntad del otro. Las castas religiosas y políticas han organizado a su propia especie en función del principio de autoridad, pero ese principio es el deseo de que exista un ser inferior. La dominación es la ley. Es como si unos padres bien intencionados nunca aceptasen la total emancipación de sus hijos. No me cansaré de repetir que, si fuimos creados libres, el único señor de la vida es la conciencia. El único dios, la ética de una razón pura, noble, humana, generosa y tolerante. Sin autoengaño y sin traición.

—Es usted imposible. No deja hablar. Es tan duro como un bloque de hormigón armado. Sus convencimientos serán tan reales como usted quiera, pero no podrá negar que el ser humano desconoce todo de su existencia y de la posibilidad de que haya una vida sobrenatural.

—No lo dudo. Pero lo que conozco es una vida miserable impregnada de dolor. De esto último puedo hablar y nadie podrá callarme, porque la razón me acompaña.

—Es imposible. Con usted es imposible —don Damián abandonó a Ramón malhumorado.

¡Cuántos don Damianes hay en el mundo! ¡Seres que no entienden la realidad por sus esquemas mentales rígidos e inalterables! Estos seres son fanáticos y fundamentalistas y no tienen otra conciencia que el dictado que llevan grabado en sus neuronas. Carecen de sentimientos para ponerse en contacto con la realidad, de capacidades emocionales para sentir algo más que no sea aquello en lo que han sido educados.

Ashley Montagu, uno de los antropólogos mundiales más famosos, dice que hemos llegado a sentirnos extraños y desinteresados unos de otros en vez de preocuparnos por el bien de todos. Al perder el interés apasionado por nuestros semejantes, hemos perdido la conexión emocional que nos hace empatizar y sentir a los demás como a nosotros mismos.

La decadencia humana es la decadencia de las capacidades cerebrales. No me hartaré de repetir que si no ejercitamos las emociones nobles éstas se deterioran, dando lugar a seres desprovistos de sentimientos, y podemos desconectarnos del mundo. Nuestras habilidades humanas se deterioran. La conciencia de uno mismo no se percibe ni tampoco lo que estamos sintiendo, y por consiguiente perdemos el contacto con los demás. No sabemos qué sienten los demás: si sufren o si son felices. Los cerebros saturados de teorías se vuelven planos para sentir la vida desde las emociones. Por este motivo, los jueces, médicos, religiosos, políticos... no son capaces de entender en profundidad el hondo sufrimiento humano, porque se han DESHUMANIZADO. Se han dejado llevar por el falso éxito intelectual medido por valores externos y el propio interés egoísta, olvidando la capacidad humana del interés recíproco. Es el interés económico el que priva y la utilización de otros seres humanos en provecho propio. Esta forma de sentir la vida conduce irremediablemente a una condición cerebral mala y patológica. Nos volvemos bichos inmundos y deshumanizados. Seres ignorantes, ciegos para poder entender el sufrimiento y las necesidades ajenas. No es de extrañar, Ramón, que los jueces estén sometidos a sus propias limitaciones e incapacidades para valorar de una forma objetiva los hechos. Tú mismo lo supiste expresar de manera clara y contundente:

> «*Señora Justicia:*
>
> *A la hora de hacer un juicio de valor, los jueces les dan a los fundamentos de derecho el peso de una verdad dogmatizada, y a la razón personal la levedad de la filosofía.*
>
> *Sin embargo, el derecho y sus fundamentos no son más que principios éticos emanados de la razón humanizada. En consecuencia, a la hora de acudir a los fundamentos de derecho para determinar si un acto o un propósito están bien o mal —hacer justicia— debería tener más peso en su balanza la razón que la ley. La ley puede estar astuta y ambiguamente concebida con un propósito de dominio: la razón pura, no. Ésta evoluciona normalmente con el conocimiento.*
>
> *¡La ley no podrá prever todos los casos injustos: la razón, sí!*

Cuando la ley tenga dudas, porque las costumbres hayan evolucionado con el paso del tiempo —como sucede hoy con la eutanasia, propuesta como un acto de la voluntad personal para liberarse del sufrimiento irracional—, debe prevalecer el peso de la razón ética personal.

Sólo hay una norma fundamental de derecho; la Constitución. Para juzgar conductas no criminales, sólo hay —o debería haber— un intérprete: el juez. ¿Que habría diferentes y a veces contradictorias sentencias?

Para eso está el pueblo del que emana su autoridad, el jurado democráticamente elegido, que las confirmaría como bien o mal colectivo, o como bien o mal personal. El legislador, por último, más que las leyes haría análisis ético-morales. Creo que es usted enemiga de toda crueldad, de toda esclavitud, de toda mentira, de toda intolerancia e incoherencia. Haga que sus alumnos lo entiendan. ¡Por favor!»

La justicia pura nace del buen entendimiento. La razón y un profundo interés humano emanan de los sentimientos nobles; si no existe un desarrollo de la voluntad del bien, los seres humanos caen en su propia trampa inteligente. Porque no es la inteligencia la habilidad suprema para juzgar, es el amor la necesidad más importante de cada ser humano y hay que recordar que todos hemos nacido criaturas sociales que necesitamos solidarizarnos los unos con los otros para que esta relación nos haga conectar con el motor que mueve la vida en el equilibrio y la paz. De esta forma ganaremos en salud mental y habilidades que nos permitan amar, trabajar, jugar y utilizar la mente de manera juiciosa.

Tenemos la responsabilidad y el privilegio de hacer de nosotros mismos lo que debemos ser, fundamentalmente cariñosos y cooperativos. Podemos educarnos y modificarnos a lo largo de nuestra vida y para ello es necesario bloquear los malos hábitos aprendidos.

El mundo durante milenios fue gobernado por la imaginación y el misterio. Los caminos que debemos transitar los seres humanos, hasta entender cómo llegar a nosotros mismos para poder contactar con la realidad del mundo y del universo, son complicados, porque es necesario tener una conciencia emocional muy amplia. Nuestros cerebros son muy limitados para concebir la realidad y por este motivo necesitamos comprender primeramente y entender nuestro límite. Si los cerebros se alimentan y crecen en un solo sentido y en función de directrices dictatoriales de la educación, otras capacidades serán mermadas para comprender más allá de su propio límite. Toda ignorancia humana al final se ve implicada en sus propios errores y, si existe una conciencia sensible del mal que provoca, siempre habrá una palabra, una frase o un gesto de entendimiento de arrepentimiento por el mal que hemos causado. ¡Cuántos errores se cometen a lo largo de la vida que necesitan ser perdonados cuando somos conscientes de ellos y queremos resarcir todo el daño! El perdón y el borrón y cuenta nueva son necesarios para renovarnos día a día en la cordura. Susana Tamaro, en su libro *Anima Mundi*, expresa con la misma razón y sentimiento todo cuanto en estas líneas te estoy expresando.

«Por la noche, junto al fuego, a menudo hablaba con la monja, estaba sorprendido por cómo en aquel sitio las palabras tenían un peso diferente. Hasta entonces, sin que verdaderamente me diera cuenta, había estado sumido en un parloteo constante. Palabras, palabras y palabras habían salido de mi boca y de las de los demás. Aquellas palabras no eran otra cosa que el líquido negro que emite la sepia para enturbiar las aguas. Era cómodo vivir en su interior.

Rememoraba a menudo el "perdona" que había dicho mi padre y el que Andrea había repetido.

—¿Por qué —le preguntaba a la monja— en el umbral de la muerte ambos han repetido lo mismo?

—A menudo tan sólo el final de un recorrido —había contestado— pone en evidencia aquello que ha sucedido antes. Una situación límite permite ver las cosas bajo una luz diferente. *De pronto se comprende que uno se ha equivocado y que ya es demasiado tarde para cambiar las cosas. Por eso se pide perdón.* Yo también lo pediré —había añadido— y lo pedirá también usted. Nadie puede dejar de pedir perdón. No hacerlo sería presunción porque la vida, sea como fuere, es un camino de errores.

Tan sólo muy pocos conocen la luz en el comienzo, todos los demás avanzan a tientas. Y también cuando alguno llega a la intuición del espíritu vuelve a equivocarse.

Se equivocan todos por el mero hecho de ser humanos, porque nuestra vida llega solamente hasta cierto punto, no atraviesa los objetos ni supera los horizontes. Siempre hay un rincón oscuro que no se consigue discernir, A menudo resbalar es más facil que seguir adelante.»

«—La gran cárcel del ser humano —me dijo cierta noche— era su extremada inteligencia. Ésta fue la que le construyó alrededor una jaula, la construyó con engaño, seduciendo a su propio propietario. Durante demasiado tiempo le hizo creer que ella era un poderoso catalejo; más aún, acaso directamente un telescopio. Con aquellas lentes podía atisbar desde los abismos de la tierra hasta la lejana luminosidad de las estrellas, podía trazar trayectorias y establecer los puntos de caída. La agudeza de su pensamiento le hacía sentirse omnipotente, estaba convencido de ver cosas ocultas para la mayoría. Y tal vez en parte también era cierto. Pero con la costumbre de mantener los ojos pegados a aquel instrumento no se dio cuenta de que ante él solamente se abría un minúsculo gajo de la realidad. Los catalejos aproximan y agigantan un ángulo visual limitado, allí delante hay veinte grados y alrededor otros trescientos cuarenta. Cuando al fin su mirada se ha independizado, no ha sostenido la visión del conjunto. No ha logrado soportarla.

—¿Hay que ser estúpidos?

—No, hay que ser humildes.

—¿Ve usted? —siguió mirándome a los ojos—. El gran error es creer que la inteligencia es un mérito nuestro. Cuanto más inteligente se es, más tendemos a creérnoslo. La misma inteligencia incuba dentro de sí el germen de la superioridad. Pero ¿superioridad sobre qué cosa? ¿Sobre quién? No somos nosotros los que hacemos la inteligencia. La inteligencia es un don, una especie de pequeño tesoro que hemos de cuidar. Sólo nos es confiada, hemos de respetarla y confiar en ella. Nadie puede decidir ser inteligente, ¿comprende? Nadie puede pretenderlo, así como nadie puede decidir en qué medida uno ha de ser inteligente. Sería suficiente con detenerse un instante a pensar sobre esto para cerrarle el camino al orgullo.

Pero algún día se nos pedirán cuentas de cómo la hemos utilizado. Probablemente conoce usted la parábola de los talentos. La gran confusión está en mezclar el saber con el poder, pensando que la inteligencia, por su propia cuenta, sirve para dominar las cosas, poseerlas y plasmarlas. Las cosas y las personas. Pero sin humildad, sin compasión, la inteligencia es solamente la mísera parodia de sí misma. Crees que te da libertad y en cambio te aprisiona. Invisible y paciente, construye una jaula a tu alrededor. Estás allí y crees disponer de más fuerza. Cuando te das cuenta de que no es así, suele ser tarde. Tienes miedo de salir como los animales que han vivido demasiado tiempo encerrados.

Yo soy lo bastante vieja para haber visto pasar una gran parte del siglo. A estas alturas puedo decir que el mal de nuestro siglo es ése. La inteligencia soberbia, alimentada solamente de sí misma. En determinado momento se extravió del temor de Dios, las acciones se volvieron vacías, desgajadas de un proyecto más grande. Donde hay vacío está lo irracional. Se desliza rápido por todas partes y por todas partes esparce su locura. Lo que ha habido, lo que hay, depende de esto.

Sin respeto, sin amor, el hombre es solamente un gran mono que corre por el mundo con las manos manchadas de sangre.

Destruir los destinos, sembrando oscuridad, convierte al hombre en un extraño para sí mismo.»

«—Entonces el mal... ¿Por qué existe el mal?

—La respuesta es que no existe ninguna respuesta. Quienquiera que diga saberlo, quienquiera que hable de premios y de castigos, está mintiendo. Cuando muere un niño, ¿qué se puede decir? Nada. Tan sólo se puede maldecir contra el cielo o aceptar el misterio. El mal es sorpresa y escándalo. Se puede combatir tan sólo el mal más pequeño, el mal de nuestros actos. Con una palabra, con un gesto, se puede aumentar el mal presente en el mundo o disminuirlo. Decidir en uno u otro sentido depende solamente de nosotros.

Mire esta simiente de acelgas —añadió—, mire qué ausencia de gracia; mejor dicho, qué decididamente fea. Si uno no supiese lo que son, hasta podría pensar que se trata de los excrementos de algún pequeño roedor; por ejemplo, de una rata. Aquí, en cambio, en estos pocos milímetros cúbicos de materia, está todo. Está la energía acumulada y el proyecto de un crecimiento. Las grandes hojas verdes que en junio darán sombra a la tierra del huerto ya están todas aquí dentro.

Muchas personas se emocionan ante los grandes espacios abiertos, las montañas o el mar. Tan sólo así se sienten en comunión con el aliento del universo. A mí siempre me ha ocurido lo contrario. Las cosas pequeñas son las que me transmiten el vértigo del infinito.

La semilla de una calabaza, por ejemplo, se puede comer o sembrar. En el primer caso no ocurre nada, pero en el segundo, al cabo de unos meses, brota una planta enorme, cubre todo el huerto con sus hojas. Parece casi una planta mágica, y entre sus hojas aparecen las calabazas. Son redondas, relucientes. Si las abres, su color es como el del sol al atardecer.

Entonces te detienes y te preguntas: ¿de dónde viene todo esto? Es muy difícil volver atrás, a la pequeñez de las semillas. Pero existía el proyecto, ¿entiendes? La tarea de aquella pequeña entidad era realmente convertirse en esa luz anaranjada encerrada bajo la corteza.

Todos somos semillas arrojadas a la tierra, esto es lo que demasiado a menudo olvidamos.»

La educación religiosa es buena en la medida que no aliena al individuo y le hace libre para pensar y creer. Las religiones llevan una carga de misterio indescifrable y sobre todo de normas, que hacen de los seres humanos verdaderos autómatas sin libertad o seres libres basados en la espiritualidad como energía liberadora. Una vez que se entiende esto, en un plano de conciencia concentrada y superior a la habitual, los seres espirituales escapan de las normas, porque ya no las necesitan, su vida está encauzada por caminos de virtud y verdades que hacen de ellos auténticos seres evolucionados. Las normas y los mandamientos son para aquellos seres que están sometidos a su propio descontrol e ignorancia.

En el pasado quizá eran necesarios este tipo de individuos esquematizados para generar en el ser humano una reacción distinta a su tendencia agresiva y destructiva. Quizá los dioses, seres superiores de otros mundos, ¿por qué no penar así?, sembraron sus semillas en las mentes de los seres humanos, ayudando a éstos a elevarse más allá de sus instintos básicos y su capacidad destructiva. Y les dieron normas y mandamientos para poner orden y control a su mundo interior y poder así desarrollar capacidades necesarias para ponerse en contacto con sus semejantes y el medio, con el objeto de armonizar la vida.

Cada ser humano deber saber por sí mismo el grado de conexión que tiene para comprender las situaciones y los actos humanos. Es importante saber que en este sentido evolucionamos. El ser humanizado y profundo es aquel que puede tocar con su sensibilidad el sufrimiento de los demás. Éste es el proyecto de la evolución humana más importante.

Posturas de diversos grupos religiosos sobre la eutanasia

Los judíos aceptan la eutanasia pasiva y el suicidio como un pecado más grave que el asesinato. La eutanasia activa está prohibida.

La ley judía valora la mitigación de los sufrimientos del enfermo antes de morir, lo que no permite es reducir el dolor y la miseria y provocar la muerte. La vida humana para ellos tiene un valor infinito e indivisible. Las probabilidades mínimas de recobrar la salud tienen un infinito valor. La aceleración activa de la muerte, para muchos judíos ortodoxos, es un simple asesinato.

Los anglicanos y epicopalistas no se oponen a la eutanasia activa siempre que ésta pueda justificarse.

Los hindúes y los skihs también confían en la elección y la conciencia personales, mientras que los budistas ortodoxos condenan la eutanasia pasiva pero no la activa.

Los luteranos están a favor de la eutanasia pasiva y condenan la activa. El homicidio piadoso es un pecado y un crimen. Porque para ellos sólo Dios puede privar de la vida.

Muchas de las Iglesias consideran que sólo Dios es el único que puede quitar la vida, el ser humano no es quién para determinar cuándo se debe morir. La muerte tiene que venir de una forma natural y así se cumple la voluntad sagrada de Dios.

«Una encuesta única realizada por demógrafos de la Universidad de California, en Los Ángeles, con el fin de averiguar las creencias de las personas que apoyan firmemente la eutanasia, incidió en las convicciones y la educación religiosa de los socios de la asociación Hemlock. El 21 por 100 de los encuestados respondió que la religión era muy

importante para ellos, el 36 por 100 dijo que tenía cierta importancia, y el 43 por 100 consideró que no era importante. Casi la tercera parte (31 por 100) creía en la vida después de la muerte. Un 15 por 100 de los socios de la Hemlock asiste a la iglesia por lo menos una vez al mes.

Afortunadamente, muchas iglesias están revisando sus posturas frente a los dos tipos de eutanasia. El hecho de que ya se hayan producido cambios sustanciales en ciertos aspectos de la ortodoxia religiosa, hace suponer que habrá otros cambios por lo que respecta al concepto de muerte y el proceso de morir. Por ejemplo, la Iglesia mormona admite, desde 1978, a sacerdotes negros; algunas iglesias y sinagogas han permitido que mujeres y homosexuales se ordenen sacerdotes, lo cual era impensable hace veinticinco años. Es posible que algún día se encuentre una base en las escrituras para aceptar la eutanasia voluntaria.»

(Derek Humphry y Ann Wickett.)

CAPÍTULO VIII

EL SUICIDIO

Aquella noche fría del mes de enero de 1997 una llamada de teléfono inesperada me quebró por dentro mi buen ánimo. Era el vecino del número cuatro, Paco.

—Mariano, ¿te has enterado de lo que le ha pasado a Antoñito, el hijo de Joaquín?

—No. No sé nada.

—Lo han encontrado ahorcado.

—¡Joder! ¡No me digas! —se me encogió el corazón—. ¿Cuándo?

—Esta tarde. Parece ser que sus padres volvían de Alicante y fíjate, chico, qué sorpresa se han llevado —no podía creer lo que me estaba diciendo. Mientras me hablaba se me formó un nudo de emoción que no me dejaba pronunciar palabra.

—Te llamaba por si tú sabías algo, pues lo han llevado al tanatorio de Móstoles y no sé ir en coche.

—¿Los padres dónde están?

—No sé, creo que estarán allí en el tanatorio.

—Bueno pues si me entero de algo ya te llamo. Yo no he ido a ese tanatorio nunca, será cuestión de llamar a información —me despedí de Paco entrecortado por la emoción. Eran las diez de la noche y cenábamos en ese momento. Se lo dije a mi mujer y a mis hijos. No podían creer tan mala noticia. Todos guardamos silencio. Eran unos instantes de emoción intensa.

—Será conveniente ir a casa de Joaquín y Adela. ¿No os parece? —estos vecinos vivían cuatro casas más abajo, en el número cinco. Salí a la calle a ver si se veía movimiento en la casa. Hacía mucho frío, durante el día había nevado y todo estaba cubierto de nieve. Me asomé varias veces y por fin llegó un coche. Eran ellos. Mi mujer y yo de inmediato salimos al encuentro de Joaquín y Adela, los padres de Antoñito. Les dimos el pésame entre lágrimas y palabras de desesperación y aliento. No comentamos nada de cómo sucedieron los acontecimientos. Sólo llorábamos entendiendo profundamente la crudeza de aquel acto desesperado.

Al día siguiente me fui al tanatorio y allí estaba de cuerpo presente el joven muchacho que se había quitado la vida, con su «cresta de punky» pintada de colores. Las escenas de dolor eran continuas, yo no me atreví en ningún momento a preguntar nada, estaba demasiado impresionado y sólo se me ocurría consolar a la familia en su triste desgracia. Después de un tiempo, se lo llevaron para incinerar el cuerpo. Nos dijeron que pasáramos por la capilla, que el psiquiatra que le había atendido quería decirnos unas palabras. Su mensaje fue de consuelo y comprensión por la decisión que había tomado aquel joven de quitarse la vida. Defendió a sus padres, que continuamente se habían volcado en ayudar a su hijo incondicionalmente.

—Qué puedo decir de Antonio —dijo el psiquiatra—. Era un joven que atravesaba un momento decisivo en su vida. El último día que le vi en mi consulta, comprobé que evolucionaba satisfactoriamente y a mí, como a todos vosotros, me sorprendió sobremanera su decisión de quitarse la vida. Pero era su vida y por tanto tenía libertad para hacer con ella lo que quisiese. Él tomó la decisión de dejar este mundo y debemos respetarle.

En cuanto a sus padres os puedo decir que son un ejemplo de entrega. Durante todo el tiempo cuidaron de su hijo hasta el extremo. Sufrieron con él comprendiéndole y aconsejándole en las difíciles decisiones que el muchacho iba tomando en los últimos años. La vida en multitud de ocasiones se torna dura para muchas personas y debemos comprender el sufrimiento que en estos momentos inunda a esta familia. Yo os invito a reflexionar y a mostraros solidarios con ella. No hubo más comentarios y todos fuimos dando el pésame a los padres y familiares situados en la puerta de salida.

Antoñito tenía dieciséis años, a punto de cumplir los diecisiete. Fue amigo de mis hijos en la infancia; después, cuando se hicieron mayores, cada cual tenía su panda de amigos. Antoñito, de la noche a la mañana, cambió su forma de ser y de vestir y se convirtió en un punky. Yo le veía ir y venir en moto y, aunque me extrañó mucho su transformación, no quise cambiar mi actitud con él, ni rechazarle lo más mínimo. Le saludaba y mi trato no fue distinto de los años anteriores.

En su infancia hablé multitud de veces con él y después, entrado en la adolescencia, tuve la oportunidad de intercambiar opiniones. Antoñito era muy inteligente, humano y sensible. Un día que hacía autostop le llevé a su casa en mi coche. Me contó que él sabía elegir a sus amistades y los estudios que iba a realizar. Me llegó muy profundamente la coherencia de sus palabras y la forma de confeccionar sus frases. Era un chico especial. Quizá en su interior germinaba el embrión de un futuro poeta.

La vida monstruosa e inhumana que presenta el sistema sólo la soportan los que se adaptan mejor, los demás seres tienen que sufrir, por su sensibilidad, el terrible azote de la impostura. Hoy día, y siempre, el sufrimiento y la depresión serán la clave para que muchos seres humanos se quiten la vida. Cuando los ojos puros del interior tienen que asimilar la tortuosa senda del proceso humano y se encuentran cara a cara con la ceguera y la insensible decadencia, no cabe esperar otra cosa que un triste desenlace. Yo entiendo bien a todos aquellos que caen en la terrible enfermedad depresiva y admiro a los seres que luchan y se entregan a pesar de todas las dificultades. Es admirable y sorprendente que muchos humanos se armen de valentía y por amor entreguen toda su vida, incluso en un estado de salud quebradizo, a su familia y a los demás seres que aman. Es una de las formas de evitar el suicidio voluntario: amando. Pero hay multitud de circunstancias que no se pueden juzgar por no saber nada de estas situaciones de extremo dolor.

¿Qué le pasó a Antoñito?

Los médicos especializados en tratamiento de la depresión dicen que el suicidio es un caso mortal de la depresión. Todos los médicos que tratan esta enfermedad pueden citar un paciente, al menos, que hayan perdido por suicidio.

Entre los quince y veinticinco años se producen gran número de casos de suicidios. Aunque la depresión no tiene que ver con la edad, ésta, cuando se presenta, provoca trastornos y sufrimientos que inducen a muchos enfermos a quitarse la vida. Los padres que viven en contacto con sus hijos pueden observar cambios en la forma de comportarse.

En niños mayores y adolescentes, la enfermedad depresiva suele crear una tendencia al atolondramiento. El problema es que muchos jóvenes depresivos buscan la muerte por muchas causas, casi siempre como trastornos o alteraciones mentales o físicas.

Los niños y jóvenes pueden padecer graves sentimientos de pérdida y de frustración, de amor propio y cólera. Se producen, además, varios cambios mentales en este periodo, muchos de ellos culturales, y sobre los valores se empieza a pensar y surgen las crisis cuando se percibe una realidad distinta a como se contó por boca de los padres y educadores. Casi toda la educación recibida se pone en tela de juicio y surge la rebeldía y la inseguridad de estar en un mundo complejo y poco fiable.

El joven puede integrarse en una banda juvenil o empezar a conducirse atropelladamente. Un riesgo es que se hunda en el mundo de las drogas para sentirse mejor durante un tiempo, pero cuando se ha convertido en adicto, la droga deja de producirle efectos euforizantes y no le proporciona ya ni siquiera una sombra de evasión del dolor que la depresión produce.

Pocos jóvenes, incluso estando deprimidos, admiten directamente ante sí mismos que prefieren estar muertos. Por eso la tentativa de suicidio de un adolescente suele conmover a todo el mundo. Aunque haya indicios velados, nadie suele tomarlos en serio, pues, en relalidad, son cosas que dicen los niños, y los niños no se suicidan, claro.

La depresión se puede originar por multitud de causas. La causa, sea la que fuere, crea un desequilibrio de sustancias químicas del sistema nervioso central. Las hormonas más concretamente afectadas son las que se utilizan en la función cerebral. Por la razón que sea, se producen muchas más o muchas menos de las hormonas necesarias. Los síntomas más evidentes de desequilibrio se manifiestan en el sector del pensamiento y la conducta. Se produce la confusión y un atiborramiento mental lleno de agitación. Suceden demasiadas cosas para que la mente pueda centrarse. El estado de confusión produce que los pensamientos pasen de unas cosas a otras, con intensas preocupaciones que van debilitando todo el proceso mental. Cuando el individuo se haya en un estado de saturación, cualquier cosa nueva puede hacerle estallar. Son los agobios de los estudios, las tensiones familiares y el poco significado que encuentran a la vida las causas que en un momento determinado les hacen explotar por dentro, desencadenando profundas crisis que originan depresiones graves y una pérdida del sentido de la vida. Muchos pueden crearse una escala de valores objetivos y adquirir una nueva personalidad con criterios propios definidos y sobre todo adquieren suficiente capacidad y tiempo para eliminar tensiones. En realidad, esto significa que todo el tiempo derrochado en el conflicto de pensamientos y emociones debe dedicarse a una actividad positiva de orden mental y conocimiento de sí mismo, procurando autodominio y relajación.

Otros, en cambio, no salen del profundo trauma y optan por la vía más rápida: cortar por lo sano su vida. Esta decisión no es fácil, sólo en condiciones de extrema desesperación puede un joven preparar su propia muerte con una soga.

Antoñito murió ahorcado; nunca supe por qué tomó tal decisión ni pregunté a nadie, ni incluso a sus padres, cómo sucedieron los hechos. Su vida duró escasamente diecisiete años, muchos de los cuales los pasaría en el profundo sufrimiento; después, como parece ser natural, la naturaleza de las cosas busca de nuevo el equilibrio y la paz.

Despedida

Llegué al final de este libro, el 26 de septiembre de 1998. Y ese mismo día también vi el programa de televisión «Informe Semanal». ¡Lo que es la vida! Cada vez me sorprendo más de las circunstancias que me llevaron a escribir. Es como si algo invisible pusiera en mi camino elementos de los que tengo que empaparme para expresar mensajes necesarios. ¿Sabéis cuánto tiempo llevaba sin ver este programa? Un año o más y, mira por dónde, hoy sábado me entraron ganas de ver la televisión a esa hora. Tenía ganas de ver "Informe Semanal" porque es uno de los programas de televisión que me siguen agradando. No sabía su contenido y al final salió algo inesperado: un espacio informativo dedicado a la enfermedad del mal de Alzheimer. Me impactaron sus imágenes: los enfermos, el sufrimiento de los familiares..., y un pensamiento negativo se coló dentro de mi mente. Me produce miedo pensar que yo puedo quedarme vacío por dentro, que mi memoria se deteriore tanto, hasta llegar a esa situación horrible de no recordar nada. Ahora mismo tengo una idea fija en mi mente en la que no puedo dejar de pensar. Estoy impresionado por la crudeza de esa terrible enfermedad. Le puse demasiada atención al horror y ahora tengo que desvanecer las impresiones sugestivas y fantasmales que me atenazan. Esto me lleva a convencerme del poder del pensamiento cuando nos invade con su influencia negativa y destructiva o nos construye en la alegría con su influencia esperanzadora. Para liberarme, aprender y hacerme más consciente de este proceso mental, recuerdo las experiencias de los maestros, que me confirman la razón de la influencia y sugestiones de todo cuanto entra en nuestra mente. Mi proceso ahora es desintegrar ese fantasma que me influye de una forma negativa. Convencerme de que esa enfermedad no tiene por qué tocarme a mí. Deshacer el miedo destapando todas aquellas impresiones que me turbaron por dentro. Pensarás que soy un exagerado. Quizá lo sea, pero no he podido filtrar las sensaciones y el horror del sufrimiento y la enfermedad. También podrías pensar: ¡Qué sería de ti si tuvieras que cuidar a esos ancianos! Sería distinto, porque pondría mucho amor y comprensión por ellos. Como los jóvenes que, mezclados entre los enfermos y sus familiares, hablaban expresando con fuerza y cariño lo que sentían por los enfermos. Seres humanos que comprendían con entusiasmo el profundo dolor del mal ajeno. Los familiares, quemados por la desgracia, agradecían su visita y ayudas como aire puro y fresco, un impulso necesario para paliar tanto sufrimiento.

Se me quedó grabada la angustia de una mujer, hija de una anciana, que expresaba su deshumanización.

—Al principio de la enfermedad trataba a mi madre con mucho cariño —decía—, pero ahora me estoy quedando sin fuerzas. Ya no siento nada por ella, me estoy deshumanizando por momentos. Mi madre ha llegado a tal situación que hay que hacerle todo y hay que estar todo el día con ella. Yo he dejado de trabajar por dedicarle todo el tiempo. No sé cuánto tiempo durará, lo único que quiero es que termine de una vez este infierno terrible —era el rostro de una mujer de cincuenta y tantos años. La angustia que reflejaban sus palabras y sus deseos manifestaba el deseo de acabar de una vez por todas con aquella situación de terrible decadencia.

Todo el tiempo estuve atento a cada situación real y dramática. Los enfermos hablaban y los que no podían hablar se expresaban mal y con gestos bruscos eludían la cámara que les estaba grabando. La enfermedad y la vejez producían un terrible drama. Imágenes descompuestas de dolor, amargura y sufrimiento. Aquellas miradas vacías, pestañeando, sin decir nada; las enfermeras enseñándoles a recordar cómo se hacían algunas comidas con sus ingredientes; un grupo de enfermos sentados alrededor de una mesa como niños aprendiendo las primeras letras del abecedario. A ellos que ya habían vivido toda una vida, se les desmoronaba a cada segundo el tiempo que pasaba: su experiencia, los recuerdos, sus virtudes y defectos. Todo desaparecía de sus mentes como por arte de magia. Más bien eran las malas artes de la maldad incomprensible. ¡Qué terrible dureza olvidar los recuerdos y a los seres queridos!

«*Gracias a la magia de la memoria, todo aparece ante mis ojos como si estuviera en el mirador de la fortaleza. No falta nada, ni siquiera el sonido del viento, los aromas de la estación que he escogido. Me quedo allí, contemplo los pilares de piedra caliza erosionados por el tiempo, el gran espacio despejado en el que se ejercitan los tanques, el oscuro promontorio de Istria zambullido en el azul del mar; miro en torno y por enésima vez me pregunto: si hay una nota discordante, ¿dónde está?*»

(Susanna Tamaro.)

¡Qué mal se porta la vida con multitud de seres humanos! ¡Cuánto debemos los sanos agradecer el encontrarnos en perfecta salud! Y ¿cómo podemos comprender la «muerte dulce» para aquellos que suplican con desesperación dejar el infierno de la enfermedad? Muchas preguntas se agolpaban en mi mente al comprobar la terrible decadencia física y mental de mis semejantes. ¿Por qué la naturaleza con toda su perfección no pone remedio a tanto sufrimiento? ¿Por qué Dios, con todo su poder de padre celestial, permite que sobre los seres humanos caigan tantos y terribles males? ¿Por qué tantas incógnitas? Sólo el ser humano, desde su profunda comprensión y el misterio de la evolución, podrá poner remedio a los desastres de la destrucción, el sufrimiento y el caos. Él es el ojo consciente del cosmos, que con el tiempo podrá ver más allá de sus sentidos, porque dentro de los seres humanos existe un dios que construye el equilibrio con bondad suprema y un demonio que incita a la destrucción y al sufrimiento. Emociones inteligentes para el bien o el mal que desencadenan los caminos por donde se dirige la humanidad.

Ramón Sampedro que estás en los cielos, a ti y a todos los enfermos que se liberaron de las trampas trágicas de esta vida y a todos los que todavía están en el infierno del sufrimiento, quiero deciros que os amo porque sois los héroes y verdaderos triunfadores de esta vida engañosa. Por vosotros va este libro para que despierten las conciencias de la dormidera.

ÍNDICE